천수경 강의

KB204002

불교의식의 꽃
천수경강의

통섭출판사

지은이 | 김성규
펴낸이 | 심관희
펴낸곳 | 통섭출판사

1쇄 인쇄 | 2022년(불기 2566년) 2월 23일
1쇄 발행 | 2022년(불기 2566년) 2월 25일

등록번호 | 제 2014-4호
등록일자 | 2014년 3월 18일

주소 | 대구광역시 남구 대명역1길 11
Tel | (053)621-2256, Fax | (053)621-2256
E-mail | tongsub2013@daum.net

ISBN 979-11-969798-1-2
값 15,000원

불교의식의 꽃

천수경 강의

지금부터 약 40년 전 고등학교 1학년 때 불교학생회와 인연이 되었습니다. 처음 법회에 참석했는데 법회 시작하기 전에 천수경을, 법회의식 때 반야심경을 독송하였습니다. 법회를 마치고 천수경과 반야심경을 노트에 모두 베꼈습니다. 학교를 오가면서 3, 4일 만에 천수경과 반야심경을 외웠습니다. 그 후 법회 때마다 독송도 하고, 성도절이나 의식이 있을 때 마다 독송을 하였습니다. 그리고 천수경은 까마득히 잊고 지냈습니다.

십 여년의 세월이 흘러 다시 한 번 참선을 통하여 불교 공부에 빠져들게 되었습니다. 우연히 집어든 천수경에서 심장을 멎게 하는 구절이 있었습니다.

아약향도산 도산자최절 我若向刀山 刀山自摧折
아약향화탕 화탕자소멸 我若向火湯 火湯自消滅
아약향지옥 지옥자고갈 我若向地獄 地獄自枯渴
아약향아귀 아귀자포만 我若向餓鬼 餓鬼自飽滿

아약향수라 악심자조복　我若向修羅　惡心自調伏
아약향축생 자득대지혜　我若向畜生　自得大智慧

칼산지옥 내가가면 칼산절로 무너지고
화탕지옥 내가가면 화탕절로 없어지네
모든지옥 내가가면 지옥절로 말라지고
아귀세계 내가가면 아귀절로 배부르네
수라세계 내가가면 악심절로 사라지고
짐승세계 내가가면 지혜절로 생겨나네
인간세계 내가가면 아집절로 사라지고
하늘세계 내가가면 환희심이 절로나네

　부처가 되려고 맹세하고 열심히 수행정진하고 있는 나
는 과연 어떠한 마음이었는가? 이런 절실한 마음과 간절
한 마음이면 무엇이든 다 이루어질 것인데. 아집으로 아만
으로 가득 채운 체 부처된다고 고집하고 있는 자신의 실체
를 적나라하게 본 것입니다. 허망한 아집을, 아만을 이 천
수경을 통하여 보게 되었습니다. 이러한 인연으로 2년 동
안 강의한 대구불교방송 불교대특강 중에 8주에 걸쳐 천
수경을 강의하게 되었으며, 강의를 마치고 6개월의 정리를
거쳐 이제 세상에 나오게 된 것입니다. 이 천수경 강의를

통하여 모두 부처가 되기를 간절히 기도드립니다. 감사한 마음뿐입니다.

2011년에는 모두 이런 마음으로 살아가기를 발원해 봅니다.

내 모습 보는 이 내 음성 듣는 이
모두 편안한 마음이기를
가슴에는 자애로움 가득하기를!

세상살이는 그냥 세상살이일 뿐
부처 꽃은 때도 곳도 없이 피네.

2011년 소한에

淨名 김성규

절판된 책을 간혹 찾는 불자님이 계셔서 다시 발간합니다.
불교 공부하는데 도움이 되기를 바라는 마음입니다.

2022. 2. 15.

|1|

서설

천수경의 이름

천수경은 독송용이라서 원래 계획에는 없었는데 정리를 하다 보니 내용이 너무 좋고 구성도 잘 되어 있습니다. 불자들이 가장 많이 읽는 이 천수경을 반드시 제대로 알아야 할 것 같아서 강의 내용에 넣었습니다.

천수경의 원래 이름은 천수경 내용에 있는 '천수천안관세음보살광대원만무애대비심대다라니경'입니다. 그러니까 천수경의 내용중에 신묘장구대다라니가 있습니다. 그 신묘장구대다라니의 원래 이름이 천수천안관세음보살광대원만무애대비심대다라니경입니다. 바로 천수경의 가장 중심적인 내용은 신묘장구대다라니입니다. 이 신묘장구대다라니를 중심으로 앞부분을 보면 많은 내용들이 첨가되어 있습니다. 또 뒷부분에도 많은 내용들이 있습니다. 서원부분과 계청부분에서 가범달마는 서원부분을 번역하였고 불공은 계청부분을 번역했습니다.

불교의식의 변천_ 대승불교가 일어남

천수경이 국내에서 차지하는 위치를 살펴보면 불교의식의 변천을 잘 알 수가 있습니다. 불교가 이 땅에서 어떻게 꽃을 피웠나 살펴보면 근본불교 때는 대부분의 제자들에게 다른 의식이 필요 없었습니다. 금강경에서도 알 수 있듯이 하루 일과는 걸식을 해서 공양을 하고 그 외 시간은 수행을 합니다. 수행을 하다가 의문이 생기면 부처님에게 묻고 부처님은 물음에 답해주시고 이것이 일반적인 하루 일과였습니다. 그러니까 부처님께 질문을 하고 명상과 수행을 하고 법구경과 같은 짧은 경전들을 염송하고 부처님의 말씀을 염송하는 것이 근본불교 시절 하루 생활이었습니다.

이것이 대승불교로 넘어오면 실천 덕목으로 육바라밀이 생깁니다. 부처님 당시의 실천덕목인 팔정도의 근본 가르침이 대승불교로 넘어오면서 육바라밀로 변합니다. 육바라밀로 변하면서 제일 먼저 나오는 내용으로 보시가 있었습니다. 부처님 시대에는 없었던 보시라는 항목이 들어갑니다.

대승불교가 만들어진 배경은 부처님의 유골 사리탑을 중심으로 일어난 불탑신앙과 종래로부터 내려오던 부파불교가 통합되면서 새로운 불교의 흐름인 대승불교가 만들어졌습니다. 그래서 일반 재가자들이 할 수 있는 제일 중요한 덕목인 보시가 대승불교에서 가장 먼저 나옵니다. 대승불교의 주 내용은 보시와 공양, 명상과 수행 그리고 금강경 염송이라던가 다른 경전을 독송하는 것이 하루 일과였습니다.

대승불교에서 밀교로

인도에서 일어난 대승불교가 허물어지고 새로운 불교인 밀교가 일어나게 됩니다. 밀교가 일어날 즈음에는 인도의 사상계가 많이 혼란했습니다. 대승불교 때까지 인도사상의 흐름은 불교가 중심이었습니다. 이 밀교가 일어날 즈음이면 불교가 민간신앙인 힌두교에 밀려 힌두교의 주술, 주문, 다라니 이런 것들이 불교로 들어옵니다. 그러니까 대승불교가 밀교로 바뀌면서 진언중심의 종교가 된 것입니다. 밀교에서는 의식이 매우 중요시 되었기 때문에 다라니 및 진언염송 안에서 의식이 정형화됩니다. 다라니를 읽고 진언을 염송하면서 이제까지 없었던 의식이 상당히 중요시 됩니다. 지금 우리들이 하고 있는 많은 불교의식들이 이 밀교에서 유래된 것입니다.

선불교

대승불교는 중국으로 넘어와서 종파불교가 되고, 이 종파불교가 선불교로 꽃피우게 됩니다. 밀교가 중국 선불교로 넘어오는데 선불교의 원칙은 오로지 좌선입니다. 절에서 오로지 참선하는 것이 일반적인 원칙입니다.

원래 선불교의 원칙은 사교입선입니다. 사교입선이란 교리에 대해서 통달한 후 선에 들어간다는 내용인데 지금 우리는 교리에 대해서는 완전히 무시하고 바로 선으로 들어가니까 뿌리가 없는 셈입니다. 뿌리가 없는데 어떻게 꽃이 피겠습니까? 현재의 불교 의식, 일과의 변천은 이렇게 진행되었습니다.

한국불교는?

한국불교는 대승불교라고 말할 수 있습니다. 정체성은 대승불교인데 모든 의식은 밀교를 따릅니다. 우리가 천수경을 독송하는 것은 밀교에서 유래된 것입니다. 불교에서 어떤 의식을 하든지 반드시 천수경을 독송하고 있습니다. 그러니까 의식은 밀교를 따르고 내용은 선불교입니다. 이것이 바로 한국불교의 정체성입니다. 우리의 소의경전은 금강경이고 모든 의식에서는 천수경을 독송합니다.

한국불교에서 금강경과 천수경은 가장 중요한 경전입니다. 천수경이 한국불교에서 차지하는 위치를 생각해본다면 천수경을 제대로 알아야 할 필요가 있습니다.

천수경의 구성

천수경의 내용은 크게 어렵지 않습니다. 한문으로 된 구절을 우리말로 그대로 읽어보세요. 그 뜻을 알고 천수경을 독송한다면 얼마나 큰 감동과 신심이 일어나겠습니까? 우리말로 독송을 하면 한문으로 독송을 하는 것보다도 훨씬 더 얻는 것이 많다는 것입니다.

천수경의 내용과 구성을 보면 첫 부분에 개경이 나옵니다. 개경이 무엇입니까? 경을 여는 것입니다. '정구업진언, 오방내외안위제신진언, 개경게, 개법장진언' 하면서 경을 펼치는 것입니다.

경을 펼쳤으니 이제 계청을 합니다. 천수경의 이름에서 알 수 있듯이 주인공은 천수천안관세음보살입니다. 관세음보살에 대한 계청이고 원이기 때문에 관세음보살과 관련이 있다는 것을 알 수 있습니다. 계청은 바로 칭찬을 하는 것입니다. 계청을 하고 서원을 해서 '관세음보살 십대원 육향육서' 즉 여섯 방향을 보면서 여섯 가지 서원을 하고 관세음보살의 열 가지 이름을 부르면서 계청을 하는 것입니다. 이것을 한 뒤에 본론에 들어갑니다. '신묘장구대다라니' 본론이 나옵니다.

본문에서는 신묘장구대다라니가 있고 사방찬, 도량찬까지가 이 다라니에 포함됩니다. 다라니가 끝나면 자신의 모든 잘못을 참회합니다. 다라니의 모든 내용을 알고 나니까 내가 살아오면서 지었던 많은 업에 대한 참회 없이는 아무 것도 이루어지지 않는다는 것을 알게 됩니다. 그래서 참회가 일어납니다. 여기에는 참회게, 참회업장 12존불이 나옵니다. 그리고 십악참회, 근본참회, 참회진언이 나옵니다. 그 다음 참회에 대한 내용과 더불어 준제주에 대한 내용이 나옵니다.

준제주에 대한 내용을 보면 천수경이 처음 만들어질 때 이 부분이 얼마나 정밀하게 짜여졌는지 알 수 있을 것입니다. 참회가 끝나고 나면 내가 정말 부처처럼 살겠다고 발원을 하게 됩니다. 그래서 그 다음에 발원이 나와야하는데 발원 앞에 준제주를 넣은 것은 처음부터 그런 것이 아니라 전해져오는 과정에서 첨가된 것이 아닐까 하는 생각이 듭니다. 준제주를 보면 이 안에도 계청이 있습니다. 정법계진언, 호신진언, 관세음보살본심미묘육자대명왕진언이 있고 준제진언 준제주로 되어 있습니다. 계청을 하고 준제진언을 합니다. 천수경 내용 안에 또 하나의 체계가 있는 것입니다. 그래서 천수경이 독송되어 오는 과정에서 삽입된 것이 아닌가 하는 생각을 한 것입니다. 준제진언을 하고 난 뒤에 똑같이 발원을 하는 체계로 되어있습니다.

참회를 했으니 마지막으로 발원서원맹세를 합니다. '여래십대발원문, 발사홍서원, 발원이귀명례삼보' 이렇게 해서 내가 어떻게 원을 세우느냐? 이 세상에 생명이 있는 모든 중생을 다 구제하겠다, 모든 번뇌를 다 끊겠다, 불교를 전부 다 배우겠다, 내가 도를 이루겠다는 원을 하는 것입니다. 원을 하고 마지막으로 '귀명례삼보'로 정말 내가 목숨을 거두어 삼보에 귀의하는 것입니다. 이것이 바로 천수경의 체제입니다.

신묘장구대다라니를 우리말로 뜻을 해석하면서 그 자체를 생각해보니 천수경을 구성한 사람이 얼마나 과학적이고 정밀하고 세밀한 혜안을 가지고 있었는지를 알 수가 있습니다.

우리 집에 부처님이 오신다면 어떻게 맞이할까?

예를 들어 집에 손님이 온다고 생각해봅시다. 이 세상에서 제일 귀한 손님인 부처님같은 분을 초대했을 때 먼저 어떻게 하겠습니까? 집안 청소를 해야겠지요? 청소를 하고 정돈을 하여 일단 형체가 있는 집이 깨끗해지면 다음으로 마음을 정갈하게 해야 할 것입니다. 이렇듯이 집에 손님이 오면 집안을 정돈하고 나를 단정하게 하는 것 이것이 바로 개경입니다. 손님을 맞을 준비를 하는 것입니다. 독송을 하는데 경을 연다는 것은 손님을 맞기 전에 청소를 하는 것과 같습니다.

그 다음 소개하고 공덕을 찬탄하겠죠? 부처님이 어떤 분인지, 무엇이 위대한지를 찬탄합니다. 초대한 손님을 찬탄하고 어떤 사람인지 소개를 하는 것이 바로 이 계청에 해당된다고 할 수 있습니다. 부처님께 법을 청하거나 손님을 맞는 부분은 곧 본론에 해당하는 부분입니다. 부처님의 법을 듣거나 손님을 맞은 다음 평가를 해야 되겠지요? 둘러 앉아 평가하고 토론하고 하는 부분이 참회에 해당합니다. 둘러앉아 생각해보니 내가 살아오면서 잘못했던 것을 돌아보고 다시는 그렇게 하지 않겠다고 참회하는 것입니다. 참회 다음에는 무엇을 하겠습니까? 이제 원을 세워야 되겠지요. 즉 앞으로는 어떻게 하겠다고 계획을 세우는 것이 바로 발원에 해당하겠습니다.

이 천수경은 부처님이 오시거나 부처님 같은 귀한 손님이 오실 때 어떻게 맞이하겠는가, 어떤 자세로 맞이하겠는가에 대한 내용을 정리한 것이라고 생각하면 됩니다. 그런데 천수경 중간부분에 준제주가 들어있습니다. 이 부분은 공덕과 성불에 대한 내용으로써 본론인 다라니를 강조하기 위한 것입니다. 준제주도 천수경과 같은 체계를 갖추고 있습니다. 이 준제주는 후대에 내려오면서 공덕이 높은 누군가가 뜻을 좀더 강조하기 위해서 내용 중간에 넣지 않았을까 생각해봅니다.

대다라니와 수월스님

천수경을 독송해보면 이 만큼 완벽한 구조를 갖고 있으

면서 동시에 아름다움을 갖춘 경전은 없을 것이라는 생각이 듭니다.

먼저 본론인 대다라니를 봅시다. 이 신묘장구대다라니에 얽혀있는 내용으로 근대의 수월스님(근대 한국 불교 중흥에 큰 공헌을 한 경허스님의 제자)의 이야기가 유명합니다. 수월스님이 젊은 나이에 출가를 했는데 거의 배우지 못한 상태여서 학식이 짧았습니다. 마음은 순수했지만 세속과는 거리가 멀었습니다. 그는 서산 천장사의 성원스님을 스승으로 삼아 출가했습니다. 출가 후 경허스님 밑으로 들어갑니다. 수월스님의 문제는 학식이 짧을 뿐만 아니라 기억력도 형편 없었습니다.

부처님에게도 기억을 잘 못하는 주리반특이란 제자가 있었습니다. 세계 최초로 부처님께 특수교육을 받은 그 주리반특은 지금으로 말하면 정신장애자입니다. 그런데 부처님은 그를 성공적으로 교육해냅니다. 바로 그에게 맞는 교육방법을 사용한 것입니다.

수월스님도 배운 것은 돌아서면 잊어버렸던 것입니다. 어느 날 아궁이에 불을 때면서 계속 신묘장구대다라니만 읽고 있었습니다. 가만히 보니 간단한 것도 돌아서면 잊어버리는데 외우기 어려운 신묘장구대다라니를 외우는 것이 아니겠습니까? 옆에서 지켜보던 스님이 그에게 말했습니다. "오늘은 다른 것은 하지 말고 신묘장구대다라니만 외우거라."라고 했습니다. 수월스님은 신이 나서 7일 동안 밥도 먹지 않고 잠도 자지 않고 다라니만 외웠습니다. 7일 동안 외운 후 수월스님은 공부하는 데 가장 큰 장애인 잠자는 것인 수마를 이겨냅니다. 또 한 번 보면 잊지 않는 불망염지不忘念智도 얻습니다. 그렇게 못 외우던 스님이 그후로는 한 번 들으면 잊어버리는 법이 없었습니다.

우리가 한 평생을 살아가면서 어릴 때 잘 배우는 것이 상당히 중요합니다. 단순하게 외우는 것이 무식할 수도 있지만 그 보다 더 합리적인 방법도 없습니다. 어렸을 때는 암기력이 뛰어나 외우기도 쉬울 뿐더러 잘 외우면 쉽게 원리를 깨칠 수도 있습니다.

홍도비구의 사신게

기억력하면 생각나는 사람이 있습니다. 조선시대 스님인 홍도비구의 사신게 이야기도 신묘장구대다라니와 얽혀있습니다. 홍도비구는 조선시대에 금강산에서 수행을 하던 스님이었습니다. 수행과 공부를 잘해 거의 부처의 경지에 이르렀다고 소문이 난 스님이었습니다. 그런 스님이 병이 들었습니다. 몇 개월 누워 있다가 어느 날 일어나서 바깥으로 나왔습니다. 금강산의 절경을 바라보며 쉬고 있었는데 갑자기 바람이 불었습니다. 그 동안 몸도 아프고 공부도 제대로 안되던 터라 짜증이 난 상태였는데 바람이 불어 옆에 두었던 수건과 옷이 날아가 버렸습니다. 그래서 스님은 홧김에 부처도 없고 신중도 없다라고 말해버렸습니다. 만약에 부처님이나 신중이 있었으면 이렇게 병이 들고 공부가 잘 안되도록 버려두는 일이 없었을 것이라고 원망합니다. 원망하는 마음으로 자고나니 뭔가 자신을 둘러싸고 있는 듯한 느낌이 들었습니다. 그래도 수행을 많이 한 탓인지 의식은 있는데 몸은 뱀이 되어버린 것입니다. 바람이 불어서 짜증을 낸 그 업으로, 부처와 신중을 비방한 과보로 뱀의 몸으로 바뀌어 버린 것이었습니다. 그런 뒤 절 근처를 어슬렁거립니다. 그런데 마침 어떤 젊은 비구가 공부를 하러 그곳에 올라옵니다. 올라와 보니 절에는 아무도 없고 구렁이 한 마리가 기둥 근처를 왔다갔다 하는 것이었습니다. 그것을 보고 젊은 스님은 화엄경을 외우기 시작했습니다. 화엄경을 읽어주자 구렁이가 부엌으로 들어가더니 꼬리에 재를 묻히고 나와 글을 쓰는 것이었습니다. 그 뱀이 남긴 글이 바로 뱀 '사蛇'를 써서 사신게라고 합니다.

사신게의 내용은 불교 공부를 열심히 했지만 부처님이나 신중들을 비방하고 짜증을 내고 화를 낸 뱀이 되었다는 내용입니다. 그리고 후배들에게 잘 수행하여 부처가 되라고 경책하는 내용입니다. 그 젊은 비구는 뱀이 쓴 글을 보고 뱀이 그 유명한 홍도비구라는 사실을 알았습니다. 다음 날 그 뱀은 흔적도 없이 사라졌습니다. 결국 모든 문제는 짜증내고 화내는 마음인 탐진치를 제대로 다스리지 못하면 아무리 수행을 해도 효과가 없음을 알 수 있습니다.

준제주의 위치

준제주를 봅시다. 준제주는 천수경 안에서 특이한 위치를 가지는데 '나무칠구지불모대'는 곧 '칠구지불모준제대명다라니경'이란 경전을 가리키는 것입니다. 그러니까 이 경을 다시 계청하고 준제진언하고 발원형식으로 만들어 놓은 것이 바로 준제주입니다. 고려 때 지눌의 정혜결사와 더불어 유명한 요세의 백련결사가 있는데 그 백련결사에서 이 준제주가 매우 중시됩니다. 백련결사는 지금은 정통성을 잃었지만 당시만 해도 사회적 영향력이 컸고 사대부들과 연관이 많았습니다. 백련결사에서는 수행의 하나로써 하루에 준제주를 천 번 염송하였습니다. 그래서 이 준제주가 백련결사가 일어나면서 천수경 안에 삽입되지 않았을까 추측해봅니다. 이상이 천수경에 대한 서설이었습니다.

| 2 |

개경

[정구업진언淨口業眞言]
수리수리 마하수리 수수리 사바하

맑을 정淨, 입 구口, 업 업業, 참 진眞, 말씀 언言
수리수리 마하수리 수수리 사바하(sri sri mahasri susri svaha)
sri(좋다(길상), 깨끗하다, 깨끗이 한다), mahasri(참으로 좋다), susri(묘하게 좋다), svaha(참되게 말하다, 성취되어지이다, 영광이 있기를!)
깨끗하고 깨끗하다 참으로 깨끗하다. 그렇게 깨끗하니 모든 것이 원만하게 성취되어 지이다.

[입으로 지은 업을 깨끗하게 하는 진언]
수리수리 마하수리 수수리 사바하

정구업진언

　천수경을 한 번 보겠습니다. 개경을 할 때 제일 먼저 나오는 것이 '정구업진언'입니다. '수리수리 마하수리 수수리 사바하' 이 산스크리트어를 번역해보면 수리는 좋다, 깨끗하다, 깨끗이한다는 뜻이고 마하수리는 참으로 좋다, 수수리는 묘하게 좋다, 사바하는 참되게 말하다, 성취되다 이런 뜻이 있습니다. 그러니까 깨끗하고 깨끗하다 참으로 깨끗하다. 그렇게 깨끗하니 모든 것이 원만하게 성취되어 지이다라는 뜻이 됩니다. '수리수리 마하수리 수수리사바하'인 '정구업진언淨口業眞言'은 입으로 지은 모든 업을 참회하는 것입니다.

　우리는 6근을 가지고 있습니다. 6근이 무엇입니까? 눈 안眼, 귀 이耳, 코 비鼻, 혀 설舌, 몸 신身, 뜻 의意입니다.

이 6근에서 죄를 짓는다는 것은 무엇입니까? 눈으로 죄를 많이 짓습니까? 눈으로는 죄를 지어도 보는 것으로 끝납니다. 또 귀로 듣는 것으로는 죄를 짓지 못합니다. 코가 죄를 짓습니까? 죄를 짓지 않습니다. 혀는 먹는 것도 먹는 것이지만 입으로 모든 것을 뱉어냅니다. 죄를 짓는 도구입니다. 몸뚱이도 죄를 짓고, 뜻으로도 죄를 짓습니다.

6근 가운데 죄를 짓는 것 세 가지와 죄를 짓지 않는 것 세 가지가 있습니다. 몸으로 짓는 업인 생명을 죽이는 살생과, 도둑질 하는 투도와, 음행을 하는 행위를 참회하는 것입니다. 입으로 짓는 업인 구업은 거짓말을 하는 망어와 상대방 비위에 맞추어 좋은 말만 하는 기어와 서로를 이간질 시키는 양설과 다른 사람을 헐뜯고 나쁘게 말하는 악구를 참회하는 것입니다. 뜻으로 짓는 업인 물질과 형체가 있는 것에 욕심을 일으키는 탐애와 감정을 소유할려고 하는데 잘 되지 않을 때 일으키는 화내는 마음인 진에와 어리석음으로 일어나는 아집인 치암을 참회하는 것입니다. 몸으로, 입으로, 뜻으로 짓는 10가지 업이며, 이것을 참회하는 것입니다. 정구업진언은 입으로 지은 모든 업을 참회하는 진언으로 '수리수리 마하수리 수수리 사바하'입니다.

운력을 하다가 나무에서 떨어져 죽다

  1970년대 어느 절에서 실제로 있었던 일입니다. 그 당시 강원(지금의 승가대학)에서는 공부를 하다 오후에 한 번씩 운력을 합니다. 그 절에는 잣나무가 많았습니다. 마침 오후 운력 때 잣을 따는 것이었습니다. 잣을 따려고 이 나무에 올라갔다가 다 따면 저 나무로 옮겨가면서 잣을 땄습니다. 그 날 운력 때는 나무를 잘 타는 어떤 스님이 이 나무에서 저 나무로 뛰어다니면서 잣을 땄는데 그만 나무에서 떨어져버렸습니다. 다른 스님들이 달려왔을 때는 이미 숨은 멎어버렸고 영락없이 죽은 상태였습니다. 그런 상황에서 그 스님의 혼은 제일 먼저 자기 집으로 향했습니다.

  집에 가니까 어머니와 누나가 있었습니다. 마침 배가 고파서 어머니에게 밥을 달라고 하면서 반가운 나머지 누나를 만졌습니다. 귀신이 만지면 어떻게 됩니까? 귀신이 사람에게 실리니까 귀신이 실린 사람은 병이 들게 됩니다. 귀신은 좋다고 만졌는데 누나는 아파서 데굴데굴 구르는 것이었습니다. 그러자 어머니가 뭔가 액운이 끼였나 싶어서 칼을 들고 야단을 쳤습니다. 자신이 귀신인 줄 모르는 스님은 모처럼 왔는데 이럴 수가 있나 싶어 다시는 안오겠다고 생각하며 집을 나왔습니다. 집을 나와서 가고 있는데 젊은 남녀가 화려한 옷을 입고 놀다 가라고 유혹을 하는 것이었습니다. 그런데 스님노릇을 하면서 노는데 익숙하지도 않고 그 재미를 모르는 터라 고개를 저으며 거절했습니다. 또 조금을 가니 예쁘장한 여인이 혼자 앉아서 놀다가라고 유혹을 합니다. 고민하다가 스님 생활을 한 공덕으로 뿌리치고 계속 걸어갔습니다. 한참을 가니 이번에는 사냥꾼들이 노루고기를 구워놓고 놀다가라고 하는 것입니다. 배가 고파서 고기도 먹고 놀다가 가려고 했지만 겨우 유혹을 물리칩니다.

은행나무 바리때

마침 자기가 죽어 재를 지니고 있는 절로 돌아오게 됩니다. 스님들이 모여 염불을 하는데 스님 한 명은 '은행나무 바리때'라고 염불을 하고 다른 한 명은 '제경행상'하면서 염불을 하고 있었습니다. 그 순간 스님의 영혼이 몸으로 들어가 버렸습니다. 다시 깨어나 보니 장례를 치른다고 스님들이 염불을 하고 있고 어머니와 누나는 울고 있는 상황이었습니다. 깨어나니까 모두 놀라워하고 재는 이미 끝났습니다. 그리고 나서 그 두 스님에게 물었습니다. 스님은 염불할 때 '은행나무 바리때'하고 염불하였고, 다른 스님은 '제경행상'하면서 염불하였는데 그말이 무슨 뜻이냐? 고 물었습니다. 그러자 은행나무 바리때 하던 스님은 염불을 하면서 자네가 가지고 있던 은행나무로 된 발우가 탐이나서 재가 끝나면 내가 가져야겠다고 생각했었고, '제경행상' 하던 스님은 자네가 가지고 있던 제경행상이라는 책이 탐이 나서 재가 끝나면 가져야겠다고 생각했다는 것이었습니다. 그러니까 귀신에게는 마음으로 생각하였던 것이 보이는 것이었습니다.

그래서 일어났던 일을 거슬러 올라가보니 어머니가 칼을 들고 치던 일이 생각났습니다. 그것은 누나가 배가 아프다고 하니까 밥을 그릇에 풀어서 귀신을 쫓는다고 '고시네!' 하였는데 귀신이 보기에 칼로 보였던 것이었습니다. 그 다음 젊은 남녀가 화려한 옷을 입고 유혹했다고 했는데 기억을 더듬어 그 곳에 가 보니 큰 벌집이 있었습니다. 예쁘장한 여인이 있던 곳으로 가 보니 뱀 한 마리가 또아리를 틀고 앉아 있었습니다. 사냥꾼이 있던 곳에 가보니 비단개구리 여러 마리가 모여 울고 있었습니다. 그 스님의 수행이 부족했다면 어떻게 되었겠습니까? 업을 짓고 우리가 좋아하는 것에 따라 들어가버리면 바로 벌이 되고 뱀이 되고 비단개구리로 태어나는 것입니다. 이것이 바로 업입니다.

입을 깨끗이 하고 주위를 깨끗이 하고

정구업진언은 입으로 지은 업을 모두 깨끗이 하는 진언이라고 했습니다. 업이라고 하면 신,구,의 삼업으로 몸으로 지은 업, 입으로 지은 업, 마음으로 지은 업입니다.

6근은 어떻게 이루어져 있습니까? 안이비설신의로 여기서 눈은 보기만 하니 죄를 지을 수 없고 귀도 듣기만 하니 죄를 지을 수가 없습니다. 코도 냄새를 맡기만 하지 죄는 지을 수 없습니다. 혀는 입으로 말을 내뱉습니다. 다른 사람에게 상처를 주는 말, 거짓말, 나쁜 말을 함으로써 업을 짓게 됩니다. 몸으로 살생, 음행, 도둑질을 하며 업을 지을 수 있습니다. 의는 뜻으로 짓는 죄로 탐심, 진심, 치심이 있습니다. 탐내는 마음, 화내는 마음, 어리석은 마음 이것이 뜻으로 짓는 업입니다. 그런데 우리가 부처 되려면 뜻을 잘 세워야 합니다. 의가 죄를 짓게도 하지만 부처도 되게 합니다.

우리는 이제 정구업진언으로부터 시작합니다. 입을 깨끗이 하고 주위를 깨끗이 하고 모든 것을 깨끗이 함으로써 이제 경을 펼 준비를 합니다.

[오방내외안위제신진언五方內外安慰諸神眞言]
나무사만다 못다남 옴 도로도로 지미사바하

다섯 오五, 모 방方, 안 내內, 바깥 외外, 편안 안安, 위로할 위慰, 모두
제諸, 귀신 신神, 참 진眞, 말씀 언言
나무사만다 못다남 옴 도로도로 지미 사바하(namah sarva buddhana
m Om turu turu jimi svaha)
namah(귀의한다), sarva(일체의), buddhanam(각자覺者의 복수어미,
각자들), turu(달리다, 재촉하다), jimi(내려오다), svaha(참되게 말하다,
성취되어지이다, 영광이 있기를)
일체의 깨친 사람들에게 귀의합니다. 수레를 타고 어서 빨리 내려오소
서. 어서 빨리 내려오셔서 참된 말을 베풀어 주소서.

[우주에 있는 모든 신들을 편안하게 하는 진언]
나무사만다 못다남 옴 도로도로 지미사바하

　　정구업진언을 하고 난 뒤 주위를 깨끗이 하고 나면 '오
방내외안위제신진언'이 나옵니다. 이 오방내외안위제신진
언은 우주에 있는 모든 신을 편안하게 하는 진언입니다.
그러니까 내 몸을 깨끗이 하고 우주의 모든 신을 편안하게
하는 것입니다.

　　'나무사만다 못다남 옴 도로도로 지미사바하'란 말이 나
오는데 여기서 나무는 귀의한다는 뜻입니다. 사만다는 일
체의 모든 이란 뜻이고 못다남은 각자의 복수의미로 각자
들, 깨친 사람들 이란 의미입니다. 도로는 달리다, 재촉하
다, 지미는 내려오다, 사바하는 참되게 말하다, 성취되어지
다, 이런 뜻입니다.

우리말로 해석해보면 '일체의 깨친 사람들에게 귀의합니다. 수레를 타고 어서 빨리 내려오소서. 어서 빨리 내려오셔서 참된 말을 베풀어 주소서.'가 됩니다. 정구업진언으로 몸을 깨끗이 하고 모든 신을 불러내리는 것입니다.

오방을 도표로 그려보면 아래와 같습니다. 오방내외안위제신진언에서 오방은 동서남북중앙인 온 우주를 뜻합니다.

[오방 오색]

북, 수(水)
흑, 신장

금(金), 서   중앙, 토(土)   동, 목(木)
백, 폐   황, 위   청, 간

남, 화(火),
적, 심장

오방이라고 하기도 하고 시방이라고 하기도 합니다. 중국에는 우주의 움직임에 대한 인식으로 오행이 있습니다. 이 오방이 오행과도 관련이 있습니다.

오행은 목화토금수입니다. 목은 동방이며 화는 남방이고 토는 중앙이며 금은 서방이며 수는 북방입니다. 토가 중앙이기 때문에 가장 중요합니다. 흔히 말하기를 땅기운을 잘 받아야 한다고 합니다. 중심이 안정되면 모든 일이 잘 됩니다. 또한 우리 몸도 중심인 척추가 곧으면 건강합니다. 오행을 색깔로 한 번 표시해 봅시다. 불기를 이루고 있는 다섯 색깔로 황색, 청색, 적색, 백색, 흑색이 있습니다. 북쪽은 흑색이며, 서방정토를 의미하는 서쪽은 백색입니다. 그래서 이 세계를 나타낼 때 음양오행이 맞아떨어집니다.

한의학에서 볼 때 간이 나쁘면 무엇을 먹습니까? 우렁이를 요리해서 먹습니다. 청색기운이 많은 것은 간이 나쁠 때 좋습니다. 간이 나쁜 사람은 간을 돋우기 위해 청색기운이 많은 것을 먹으라고 합니다. 동쪽이 바로 간을 나타내고 청색을 나타냅니다. 우리 몸의 피는 붉습니다. 적색은 심장을 나타냅니다. 황색은 위장을 나타내고 백색은 폐를 나타내고 검은 색인 혹은 신장을 나타냅니다. 그러므로 이 색깔이 우리 몸뿐만 아니라 몸을 보충해주는 것과도 연관이 있습니다. 폐가 나쁠 때 혹은 기침이 날 때 도라지를 먹어 흰색 기운을 보충하면 폐가 좋아지게 됩니다. 간이 나쁠 때는 청색 기운이 많은 우렁이나 씀바귀를 먹어 청색 기운을 보충하여 간을 좋아지게 합니다. 나이가 들어 신장

기운이 떨어질 때는 흑색 기운이 많은 검은 콩이나 검은 깨를 먹어 흑색 기운을 보충하여 신장을 좋게 합니다. 심장이 좋지 않을 때는 붉은 색 기운이 강한 포도나 블루벨리를 먹어 붉은 기운을 보충하여 심장 기능을 좋게 합니다. 위장이 좋지 않을 때는 황색 기운이 강한 보이차나 늙은 호박을 먹어 황색 기운을 보충하여 위장의 기능을 좋게 합니다.

깨끗이 청소하고 온 우주의 신과 선각자들을 불러 빨리 진리를 말해달라고 합니다. 그럼 경을 열어야겠지요.

[개경게開經偈]
무상심심미묘법 백천만겁난조우
無上甚深微妙法 百千萬劫難遭遇

열 개開, 경서 경經, 높이 들 게偈
없을 무無, 위 상上, 심할 심甚, 깊을 심深, 작을 미微, 묘할 묘妙, 법 법法 일백 백百, 일천 천千, 일만 만萬, 겁낼 겁劫, 어려울 난難, 만날 조遭, 만날 우遇
위없이 높고 한없이 깊은 미묘한 진리. 백천만겁 지난대도 만나기가 어려워라.

[경전을 여옵니다]
가장높고 가장깊은 미묘하신 진리바다
영원토록 흐른데도 만나기가 어려워라

개경게는 경을 여는 것입니다. 여기서 '무상심심미묘법 백천만겁난조우'를 해석해보면 위없이 높고 한없이 깊은 미묘한 진리, 백천만겁을 지났는데도 만나기가 어렵다는 뜻입니다. 천수경은 염송하기 좋도록 4-4 운율을 택하고 있습니다. 4-4운율에 따라 해석해보면 '가장높고 가장깊은 미묘하신 진리바다 영원토록 흐른데도 만나기가 어려워라'로 표현할 수 있습니다.

지금 우리가 이렇게 불법을 공부하는 인연이 그냥 되었겠습니까? 다 전생에 서로 공부를 할 인연을 심어놓았기 때문에 여기서 공부할 수 있는 인연이 된 것입니다. 이렇게 만나기 어려운 불법을 부처님은 '맹구우목盲龜遇木'에

비유했습니다.

맹구우목에 대한 이야기는 유명해서 한 번쯤은 들어보셨을 것입니다. 맹구우목은 부처님이 베살리의 원숭이 연못 옆에 있는 중각강당에 계실 때 제자들에게 들려주신 이야기입니다. 눈먼 거북이가 있는데 이 거북이가 백년에 한 번씩 바다 위로 올라옵니다. 바다 위로 올라와 좀 쉴 곳이 필요한데 망망대해에 쉴 곳이 어디 있겠습니까? 그런데 구멍이 뚫려있는 나무판자 하나가 떠 있었습니다. 백년에 한 번 올라온 거북이가 마침 거기에 있던 나무판자의 구멍 사이로 목을 넣어 쉴 수 있다는 것은 얼마나 일어나기 힘든 일이겠습니까? 그래서 부처님이 이 이야기를 통해 불법을 만나기가 얼마나 어려운가를 설명 해준 것입니다.

부처님이 계셨을 때 옆에서 배운 제자들은 참으로 복이 많은 사람들입니다. 그러한 복이 없는 우리는 스스로 부처가 될 수 밖에 없습니다. 불법을 만나는 것, 곧 진리를 만나는 것에 대해 생각해봅시다. 내 인생이 어느 순간에 바뀝니까? 우리는 수 억겁을 업대로 살아왔습니다. 그것을 바꾸는 원동력은 진리를 이해하고 받아들이는 순간입니다. 그 순간 우리의 인생은 조금씩 바뀌어갑니다. '섬개투침纖芥投鍼'이란 말이 있습니다. 이 섬개투침은 바늘로 겨자씨를 뚫는 것입니다. 작은 겨자씨를 공중으로 던져 바늘로 뚫는 것입니다. 이것도 맹구우목 만큼 인간 몸 만나기 어려움에 대한 이야기입니다. 두 가지 이야기를 통해 불법 만나기가 얼마나 어려운가를 알 수 있습니다.

아금문견득수지 원해여래진실의
我今聞見得受持 願解如來眞實意

나 아我, 이제 금今, 들을 문聞, 볼 견見, 얻을 득得, 받을 수受, 가질 지持 원할 원願, 풀 해解, 같을 여如, 올 래來, 참 진眞, 열매 실實, 뜻 의意
다행히도 이제 보고 듣고 수지하오니. 여래의 진실한 뜻 알고자 합니다.

다행히도 지금에야 보고듣고 지니오니
부처님의 진실한뜻 알아지기 원합니다

그 다음 '아금문견득수지 원해여래진실의'가 나옵니다. 나 아, 이제 금, 들을 문, 볼 견, 얻을 득, 받을 수, 가질 지는 다행히도 이제 보고듣고 수지하오니라는 뜻이며, 원할 원, 풀 해, 같을 여, 올 래, 참 진, 열매 실, 뜻 의의 뜻은 여래의 진실한 뜻을 알고자 합니다가 됩니다. 이것을 4-4운 율조로 풀어보면 '다행히도 지금에야 보고듣고 지니오니 부처님의 진실한뜻 알아지기 원합니다'가 됩니다.

이것이 바로 개경게입니다. 나와 주위를 깨끗이 하고 온 세상의 신들과 선각자들을 불러 모아 청법을 합니다. 다행히도 지금에야 보고듣고 지니오니 부처님의 진실한뜻 알아지기 원합니다 라고 하면서 경을 여는 것입니다.

개경게는 '인신난득人身難得 불법난봉佛法難逢'이라는 내용입니다. 인간 몸 받기도 어려운데 불법 만나기는 얼마나 더 어렵겠습니까? 인간 몸도 받았고 불법도 만났는데 이보다 더 좋은 행운이 어디 있겠습니까? 그래서 우리는 이 좋은 행운을 잘 활용해서 인생의 성공이나 깨달음의 계기로 활용해야하는데 지나고 나면 흐지부지 해집니다. 한 번쯤 생각해봅시다. 얼마나 귀한 인연으로 만났는지 말입니다. 불교가 아니었다면 우리는 이렇게 만나지 못했을 것입니다. 그래서 '인신난득' 인간 몸받기 어렵고, '불법난봉' 불법 만나기 어렵다고 한 것입니다. 그리고 진리를 깨달으면 우리가 여러 생을 태어나도 불법과 멀어질 수가 없습니다. 내가 진리를 모를 때는 이 몸도 받고 저 몸도 받고 진리와 멀어질 수 있지만 진리를 안다면 불법과 멀어질 수가 없습니다.

[개법장진언開法藏眞言]
옴 아라남 아라다

열 개開, 법 법法, 감출 장藏, 참 진眞, 말씀 언言
옴 아라남 아라다(om aranam arata)
om(아!), arana(심연, 깊은곳)의 명사에 대격 어미 m이 붙어 aranam
(깊은 곳에로), arata(유희遊戱하다)
아! 깊은 진리에로 이끄시기를...

[진리의 곳집을 여는 진언]
옴 아라남 아라다

　개경게를 하고 나면 '개법장진언' 즉 진리의 곳집을 여는
진언이 나옵니다. '옴 아라남 아라다'에서 옴(om)은 우주
의 최초의 소리입니다. 바로 태초의 우주의 탄성입니다.
그래서 진언의 처음과 끝은 모두 '옴'입니다. 중간의 내용
들은 옴을 설명하기 위한 덧붙임에 불과하며 결국 옴으로
시작해서 옴으로 끝난다고 할 수 있습니다. 의식적이든지
무의식적이든지 인간이 소리를 내면 원초적으로 가장 먼
저 나오는 소리는 옴에 가깝다고 할 수 있습니다. 어느 나
라 말이든지 이 소리에 가깝다고 할 수 있습니다.

　아라남의 아라나는 심연, 깊은 곳이라는 명사에 대격어
미 m이 붙어서 '깊은 곳으로'라는 뜻이 됩니다. 아라다는
'유희하다, 이끌다'는 뜻입니다.

　옴 아라남 아라다의 뜻은 '아! 깊고깊은 진리의 바다로

이끌어가시네!' 라는 뜻입니다. 이것으로 개경은 끝나고 그
다음은 계청을 합니다. 이것은 청을 하는 뜻입니다.

| 3 |

계청

[천수천안관자재보살광대원만무애대비심대다라니계청 千手千眼觀自在菩薩廣大圓滿無碍大悲心大陀羅尼啓請]

일천 천千, 손 수手, 일천 천千, 눈 안眼, 볼 관觀, 스스로 자自, 있을 재在, 보살 보菩, 보살 살薩 넓을 광廣, 큰 대大, 둥글 원圓, 찰 만滿, 없을 무無, 막힐 애碍, 큰 대大, 슬플 비悲, 마음 심心, 큰 대大, 비탈 타陀, 벌릴 라羅, 비구니 니尼 열 계啓, 청할 청請
천개의 손과 천개의 눈을 가진 관자재보살님. 넓고 크고 원만한 자비심의 다라니를 경을 열면서 청합니다.

[중생들을 돌보시는 관자재보살님, 원만하고 끝이 없는 큰자비의 다라니를 받드오니 우리 곁에 임하소서]

'천수천안 관자재보살광대원만 무애대비심 대라라니계청'은 '천개의 손과 천개의 눈을 가진 관세음보살님, 넓고 크고 원만한 자비심의 다라니 경을 열면서 청합니다' 이런 뜻입니다. 여기서 천개의 눈과 천개의 손을 가졌다는 것은 모든 중생을 다 보살펴 주시고 모든 중생의 고통을 다스려 준다는 의미가 있습니다.

계수관음대비주 원력홍심상호신
稽首觀音大悲呪 願力弘深相好身

조아릴 계稽, 머리 수首, 볼 관觀, 소리 음音, 큰 대大, 슬플 비悲, 저주
할 주呪 원할 원願, 힘 력力, 넓을 홍弘, 깊을 심深, 서로 상相, 좋을
호好, 몸 신身

대자비의 어머니 관세음께 머리숙여 절합니다. 원력이 크고 깊으며 상
호와 몸 또한 그렇습니다.

대자대비 관음보살 넓고깊은 원력들과
아름다운 상호들에 머리숙여 절합니다

'계수관음대비주 원력홍심상호신'의 뜻은 대자비의 관세
음께 머리숙여 절합니다. 원력이 크고 깊으며 상호와 몸
또한 그렇습니다. 즉 관세음보살을 자세히 나타낸 말이라
할 수 있겠습니다.

4-4 구절로 한 번 해보면 '대자대비 관음보살 넓고깊은
원력들과 아름다운 상호들에 머리숙여 절합니다.' 이 두
구절을 보면 천수경이 바로 관세음보살에 관한 경전임을
잘 알 수 있습니다. 본문을 보면 관세음보살이 지극히 어
려운 상황에서도 '관세음보살'을 지극한 마음으로 한 번만
염송하면 어려움을 다 해결해준다고 했습니다. 하지만 우
리 중생들은 지극한 마음을 내지 못합니다. 그래서 우리는
지극한 마음을 내기 위해 참선을 해야 합니다. 지극한 마
음이란 티끌만한 의심도 없이 믿는 그 마음입니다. 진리를
인식을 할 때, 확신할 때 그 마음이 저절로 일어나는 것입

니다. 천수경을 독송하면 어떤 공덕이 있는지 '관세음보살 보문품'을 보면서 알아보겠습니다.

'부처님께서 말씀하시기를 관세음의 큰 서원은 바다와 같이 깊어 수억 겁 동안 여러 부처님을 모시며 청정한 큰 서원을 세웠느니라. 관세음의 이름만 들어도 일념으로 불러도 세상의 모든 괴로움은 소멸하리라. 불구덩이에 떨어져도 불구덩이는 못으로 변하게 되리라. 큰 바다에 빠져 떠내려가도 용이나 귀신을 만났을 때도 지극한 마음으로 관세음보살을 부르면 사나운 물결은 잠잠해지고 귀신은 보살이 되어 옹호하리라.' 가장 중요한 것은 믿는 순간 그렇게 되는데 우리는 믿지를 못하는 것입니다.

'흉악한 사람에게 쫓길 때도, 도적들이 칼을 들고 해치려 할 때도, 잘못 재판을 하여 사형을 당할 때도, 손발에 쇠고랑을 찼을 때도, 지극한 마음으로 관세음보살을 부르면 모든 재앙 사라지고 자비한 마음 생겨나리라. 신통과 지혜 갖추고, 태어나고 늙고 병들고 죽는 모든 고통을 없애고, 진리를 관하고, 깨끗함을 관하고, 지혜를 관하고, 자비를 관하고, 풍재와 화재를 굴복시키고, 감로 같은 법비를 뿌려 지극한 마음으로 관세음보살을 부르면 모든 신통 나타나리라.'

우리가 선정에 들면 우리의 인식을 넘어서 신통을 볼 수 있는데 부처님의 천안이 바로 이러한 것입니다. 이러한 것을 방해하는 육신을 넘어 계속 선정에 들어 가라앉다가 그 밑바닥이 보일 때, 즉 식이 맑아지면 안보이던 것이 보이는 신통이 나타납니다. 더 맑아지면 전생도 보입니다. 생에서 멸로 변할 때의 상태에서 가장 급격하게 변합니다.

여기서 육근과 육경과 육식이 부딪치는 삼사화합을 촉이라고 했습니다. 이 촉의 상태에서 상이 변하니까 내가 가지고 있던 모든 기억이 깨져버립니다. 이러한 상황 때문에 이번 생에서 전생을 기억하지 못하는 것입니다. 그러나 선정을 계속하여 깨졌던 식들이 모아지면 우리가 신통이라 여기고 기적이라 여기는 일을 당연히 알 수가 있습니다. 예를 들어 누군가와 어느 때 어디서 만난다고 약속을 하고 만나는 것은 당연한 것입니다. 하지만 정하지도 않았는데 어느 때 어디서 누구를 만난다고 한 것은 전생의 업으로 인해 정해진 것이라 할 수 있습니다. 내가 그 과정을 모르니까 기적이고 신통이 되는 것입니다. 결국 내가 그 원인을 알면 아무것도 아닙니다. 그래서 관세음보살을 부르면 불가능한 일들이 그냥 이루어진다고 한 것입니다. 여기서 가장 중요한 것은 지극한 마음입니다. 이 세상에 어떤 것도 지극한 마음 앞에서는 다 허물어집니다. 지극한 마음 앞에서는 적이 없습니다.

천비장엄보호지 천안광명변관조
千臂莊嚴普護持 千眼光明遍觀照

일천 천千, 팔 비臂, 씩씩할 장莊, 엄할 엄嚴, 넓을 보普, 지킬 호護, 가질 지持, 일천 천千, 눈 안眼, 빛 광光, 밝을 명明, 두루 편遍, 볼 관觀, 비출 조照

천개의 팔로 행하는 보살핌이 두루합니다. 천개의 눈으로 비추시는 빛도 그렇습니다.

중생들을 보살피는 자비심이 끝이없고
중생들을 인도하는 지혜또한 같습니다

'천비장엄 보호지 천안광명 변관조'는 천개의 팔로 행하는 보살핌이 두루하며 천개의 눈으로 비추시는 빛도 또한 그렇습니다. 라는 뜻입니다.

이를 4-4조 구절로 바꿔보면 '중생들을 보살피는 자비심이 끝이없고 중생들을 인도하는 지혜또한 그렇습니다.' 연기를 아는 것이 지혜이고 깨치면 그로 인해 우러나오는 마음이 바로 자비입니다. 자비는 모르면 베풀지 못합니다. 예를 들면 우리가 자식에게 사랑과 자비를 베푸는 것은 자식임을 알기 때문에 그렇습니다. 만약 어떤 사정으로 인해 자식인 줄 모를 때도 자비를 베풀 수 있겠습니까?

우리가 진리를 깨치고 무아를 인식하면 너와 나가 없습니다. 아집 때문에 업 때문에 모든 것이 나누어져 있습니다. 제7식인 마나식을 깨트리면 아치가 없어집니다. 무아를 모르면 아집이 생기고 아만이 생겨 중생들은 평생 남을 위하는 것처럼 살지만 결국에는 자신만을 위해 살아가게 됩니다. 그러나 마나식이 깨지면 너와 나를 가리지 않고 자비를 베풀며 서로 도우며 평생을 살아가게 됩니다. 이것은 하려고해서 되는 것이 아니라 진리를 아는 것만큼 베풀게 되는 것입니다. 그렇지 않으면서 남에게 베푸는 것은 바로 자신의 탐욕을 채우려고 베푸는 척 하는데 불과합니다.

진실어중선밀어 무위심내기비심
眞實語中宣密語 無爲心內起悲心

참 진眞, 열매 실實, 말씀 어語, 가운데 중中, 베풀 선宣, 빽빽할 밀密,
말씀 어語, 없을 무無, 할 위爲, 마음 심心, 안 내內, 일어날 기起, 슬플
비悲, 마음 심心

진실한 말씀 속에 밀어가 나오며, 무위심에서 자비심이 일어납니다.

진실하신 말씀으로 비밀한뜻 보이시며
걸림없는 마음에서 자비심이 일어나고

'진실어중선밀어 무위심내기비심' 진실한 말씀 속에 밀
어(진실한 말)가 나오며 무위심에서 자비심이 일어난다는
뜻입니다. 진리를 아는 연기를 터득한 눈으로 세상을 볼
때 모두 무위가 됩니다. 무위심은 연기를 인식하고 진리를
알기 때문에 자비심이 일어날 수 밖에 없습니다. 그 자비
가 바로 자비광명입니다.

4-4 구절로 만들어보면 '진실한 마음으로 비밀한뜻 보이
시며 걸림없는 마음에서 자비심이 일어나고'입니다.

속령만족제희구 영사멸제제죄업
速令滿足諸希求 永使滅除諸罪業

빠를 속速, 하여금 령令, 찰 만滿, 발 족足, 모두 제諸, 기쁠 희希, 구할 구求 길 영永, 부릴 사使, 멸할 멸滅, 버릴 제除, 모두 제諸, 죄 죄罪, 일 업業
모든 구하는 것을 속히 이루게 하시고, 죄와 업은 모두 멸하게 하소서.

중생들의 모든소원 이뤄지게 하시오며
죄와업은 모두모두 소멸하게 하옵소서

'속령만족제희구 영사멸제제죄업'을 해석해보면 구하고자 하는 모든 것을 속히 이루게 하시고 죄와 업은 모두 멸하게 하소서 라는 뜻입니다. 4-4구절로 해보면 '중생들의 모든소원 이뤄지게 하시오며 죄와업은 모두모두 소멸하게 하옵소서'가 됩니다. 이와 관련된 노래 중에 신라시대 경덕왕 때 '천수대비가'가 있습니다. 희명이라는 여인이 눈먼 딸을 위해 분황사에 가서 기도하며 천수대비에게 그 천개의 눈 가운데 하나만이라도 우리 딸에게 주면 안되겠냐고 하는 내용입니다. '무릎을 꿇으며 두 손을 모아 천수관음 앞에 빌고 사뢰나이다. 천개의 손과 천개의 눈에서 하나를 놓고 하나를 덜어 두 눈 감은 나에게 하나를 주소서. 아아! 나에게 하나를 기꺼이 주신다면 놓아주시는 그 자비 뿌리 되오리다.' 관세음보살을 노래한 것 중에서 가장 아름다운 노래가 아닐까 생각합니다.

천룡중성동자호 백천삼매돈훈수
天龍衆聖同慈護 百千三昧頓薰修

하늘 천天, 용 룡龍, 무리 중衆, 성스러울 성聖, 같을 동同, 사랑 자慈, 지킬 호護, 일백 백百, 일천 천千, 석 삼三, 어두울 매昧, 조아릴 돈頓, 향풀 훈薰, 닦을 수修

하늘과 용과 신중들이 자비로써 옹호하고, 백천 가지 삼매를 순식간에 닦게 합니다.

천룡팔부 신중들이 자비로써 옹호하고
백천가지 모든삼매 몰록닦게 하십니다

'천룡중성동자호 백천삼매돈훈수' 하늘과 용 신중들이 자비로써 옹호하고 백천가지 삼매를 순식간에 닦게 합니다라는 뜻입니다.

그것을 4-4조로 옮겨보면 '천룡팔부(진리를 지키는 신장을 일컫습니다) 신중들이 자비로써 옹호하고 백천가지 모든삼매 몰록닦게 하십니다.'가 됩니다. 여기 나오는 신중들은 수행자에게 일어나는 어려움에서 수행자를 지켜주는 역할을 합니다. 그래서 지극히 수행하는 수행자에게는 어떠한 어려움이 있어도 이겨내고 결국 좋은 결과에 이르게 되는 것이 이러한 이유 때문입니다.

옛날에 어떤 도인 스님이 방안에 가만히 앉아 있었는데 사미승 두 명이 이야기를 나누고 있었습니다. 그런데 천신들이 그들을 지켜주고 있다가 갑자기 천신들이 사라지고 온갖 악한 기운들이 다가와 그들의 목숨을 앗아갈 것처럼 보였습니다. 그래서 스님이 사미승 두 명을 불러 무슨 이야기를 했느냐고 물어보았습니다. 그들은 처음에는 우리가 이 생에 태어나서 스님이 되었으니 열심히 수행해서 견성성불하자고 했다고 말했습니다. 그러나 조금 앉아있으니까 허리도 아프고 몸도 쑤시고 해서 이 생에서는 도저히 안 될 것 같으니 포기하고 다음 생에 해보는 것이 어떻겠느냐고 말했다는 것입니다. 그래서 공부를 포기하고 대충 살아가겠다는 마음을 품자 온갖 악한 기운들이 들어차는 것이었습니다.

열심히 공부를 하면 신통을 깨칠 수도 있고 스스로의 힘으로도 깨칠 수 있습니다. 이 공부를 하다보면 도저히 안 될 것 같은 일도 이루어지고 도저히 일어날 수 없는 일도 일어나게 됩니다. 이것은 직접 느껴보는 것만큼 더 좋은 것이 없습니다.

옛날 의상스님은 수행을 잘 해서 하늘에서 천공으로 공양을 하고 있었습니다. 하늘의 천녀들이 의상스님에게 천공을 올린 것입니다. 어느 날 의상스님이 원효스님을 불러 천공을 받는 자신을 자랑 하고 싶어서 점심공양에 초대 했습니다. 그런데 점심시간이 한참 지나도 천공을 가지고 오는 천녀들이 나타나지 않았습니다. 그래서 원효스님은 점심공양도 못하고 돌아가 버렸습니다. 그런데 원효스님이

가고 나니까 천공이 바로 오는 것이었습니다. 의상스님은 천공을 가져온 천녀들에게 원효스님께 한 번 대접하고 싶었는데 왜 이제야 오느냐고 물었습니다. 그러자 천녀들이 원효스님을 지키고 있던 신중들이 너무나 강해 도저히 들어 올 수가 없었다고 한 것입니다. 그들이 물러가고 나서야 올 수가 있었다고 말했습니다.

이러한 경우는 부처님에게서도 볼 수 있습니다. 부처님이 전도를 하시는 과정에서 온갖 어려움이 닥쳤습니다. 부처님을 구덩이에 파묻으려고 하자 그 구덩이에서 연꽃이 피어나고 술을 먹은 코끼리가 부처님을 향해 돌진했는데 부처님 앞에 오자 온순해졌다는 이야기들이 있었습니다. 원효스님이나 부처님 뿐 만이 아니라 우리들도 수행을 열심히 하면 천룡팔부 신중들이 지켜줍니다.

우리가 공부하는데 가장 궁극적인 목적은 선정 즉 삼매입니다. 옛 도인들이 이 우주의 모습, 존재의 본질을 설명한 말씀으로 '본래 청정커늘' 이란 말이 있습니다. 청정하다는 표현은 바로 진리를 깨쳤을 때 나올 수 있습니다. 이러한 진리를 깨친 견성성불의 상태가 바로 선정으로 삼매에 들어갈 경우에만 가능합니다. 우리가 이렇게 공부를 하는 이유도 바로 선정에 들어가기 위해서입니다.

수지신시광명당 수지심시신통장
受持身是光明幢 受持心是神通藏

받을 수受, 가질 지持, 몸 신身, 이 시是, 빛 광光, 밝을 명明, 기 당幢,
받을 수受, 가질 지持, 마음 심心, 이 시是, 정신 신神, 통할 통通, 감출
장藏
다라니를 받아 지니니 몸에는 광명 깃발. 다라니를 받아 지닌 마음은
신통을 감추고 있네.

이다라니 지니오니 이몸에는 광명깃발
이다라니 지닌마음 부처님의 신통창고

'수지신시광명당 수지심시신통장'은 다라니를 받아 지니
니 이 몸이 광명깃발, 다라니를 받아지니니 이 마음은 신
통을 갖추고 있네. 이렇게 해석이 됩니다. 이것을 4-4조로
해보면 '이다라니 지니오니 이몸에는 광명깃발 이다라니
지닌마음 부처님의 신통창고'가 됩니다. 우리는 이 다라니
를 통해 견성성불에 이를 수가 있습니다. 다라니는 인도
문화권에서 볼 때 우리의 부적과 같은 것입니다.

이 다라니를 염송하면 받는 공덕이 10 가지가 있습니다.
첫째 모든 중생이 안락을 얻습니다. 이 다라니를 읽음으로
써 마음의 평안을 얻는다는 이야기입니다.

둘째 모든 병이 낫습니다. 이 다라니의 신통력으로 병이
생기지 않는 것입니다. 그리고 불교에서 참선이나 108배도
몸을 움직이고 편안하게 함으로써 병을 낫게 하고 병이 생
기지 않게 하는데 도움이 됩니다.

셋째 오래 살게 됩니다. 모든 병이 생기지 않으니 자연히 오래 살게 됩니다.

넷째 부자가 됩니다. 부자가 되어 어려운 이웃에게 베푸는 것만큼 좋은 일도 없습니다. 우리 주변에는 성공하여 세상을 바꾸는 사람들이 많습니다. 예를 들면 피겨스케이트 선수 김연아 같은 경우는 전생에 어떤 사람이었겠습니까? 바로 전생에 자신을 갈고닦고 남에게 수없이 베푼 공덕으로 이번 생에서 훌륭한 삶을 사는 것입니다. 아마 전생에 공주로 있을 때 백성들에게 많이 베푼 결과 많은 팬들이 있게 되었을 것입니다. 세계적인 거부인 마이크로소프트 사장 빌게이츠도 지금의 삶으로 보아 전생에 아주 큰 공덕을 쌓은 보살임을 알 수 있습니다. 그러니까 부자가 되어 공덕을 쌓으면 그 공덕으로 다음 생애에서도 부자가 되어 윤택한 삶을 살 수 있습니다.

다섯째 모든 악업이 없어지고 중죄가 소멸됩니다. 내 안에 있던 수많은 나쁜 업들이 이 다라니를 염송함으로써 소멸한다는 것입니다.

여섯째 장애와 어려움을 여의게 됩니다. 모든 일들이 원만하게 잘 성취된다는 뜻입니다.

일곱째 모든 선행과 공덕을 더욱 많이 짓게 됩니다. 다라니를 염송함으로써 공덕을 쌓고 선행을 행하게 되어 이

번 생 뿐만 아니라 다음 생에서도 받을 수 있는 복을 짓게 됩니다.

여덟째 모든 선근(善根)을 성취하게 됩니다. 선한 뿌리를 얻어 그로인해 이번 생 뿐만 아니라 다음 생에서도 좋은 몸을 받아 큰 일을 할 수 있게 됩니다.

아홉째 모든 두려움을 여의게 됩니다. 모든 일에는 두려움과 불안이 깔려 있습니다. 존재본질, 진리에 대한 인식이 확실할 때 즉 연기를 인식하고 진리를 깨쳤을 때 여기서 벗어나게 됩니다.

마지막 열 번째는 구하고자 하는 모든 것을 속히 얻게 됩니다. 내가 구하고자 하는 것들이 속히 성취 된다는 말입니다.

이와 같이 다라니를 염송하는 공덕이 큼을 알 수 있습니다. 지금 우리가 천수경을 읽는 것도 큰 공덕임을 알아야겠습니다. 옛날에는 지금보다 지식이나 정보의 양이 훨씬 적었기 때문에 신묘한 힘을 느끼고 더 큰 힘을 얻기 위해서 이 천수경을 원문으로 읽어도 상관이 없었습니다. 하지만 지금 우리는 앎으로써 그 신비로움과 큰 원력을 이해하고 인식하여 더 큰 힘을 얻을 수 있습니다. 그러므로 우리말로 번역된 천수경 내용을 잘 알아야 하는 것입니다.

인도 사람들이 이 다라니를 염송할 때 뜻을 모르고 염송

했겠습니까? 아닙니다. 기도할 때 알아들을 수 있는 말로
합니다. 내가 그 말을 알기 때문에 기도할 때 한 말을 지키
려고 애를 쓰게 됩니다. 그런데 이 다라니가 인도에서 중
국으로 넘어올 때 번역이 이루어지지 않은 상태로 들어오
게 됩니다. 대승불교의 경전들은 대부분 중국에서 번역이
되었습니다. 하지만 대승불교 이후 밀교(불교과 힌두교의
융합)에서 힌두교적 요소가 강하다 보니까 다라니가 번역
되지 않았습니다. 하지만 이제는 뜻을 제대로 이해하고 경
전을 읽어야 합니다.

세척진로원제해 초증보리방편문
洗滌塵勞願濟海 超證菩提方便門

씻을 세洗, 씻을 척滌, 티끌 진塵, 수고로울 로勞, 원할 원願, 건널 제濟, 바다 해海, 뛰어넘을 초超, 증거 증證, 보살 보菩, 끌 제提, 모 방方, 편할 편便, 문 문門
번뇌를 씻고씻어 고통바다를 건너가면, 깨달음의 방편을 얻게 됩니다.

번뇌들을 씻어내고 고통바다 건너가면
깨달음에 이르러는 처방전을 얻습니다

'세척진로원제해 초증보리방편문' 번뇌를 씻고씻어 고통바다를 건너가면 깨달음의 방편을 얻게 된다는 뜻입니다.

4-4로 해보면 '번뇌들을 씻어내고 고통바다 건너가면 깨달음에 이르러는 처방전을 얻습니다.'가 됩니다. 그러므로 깨달음에 이르는 처방전이 바로 이 다라니입니다. 108배 절을 하거나 참선을 하거나 경전을 독송하는 것이 바로 견성성불 그 자체로 볼 수는 없습니다. 이것은 진리에 이르는 방편에 불과한 것입니다. 결국 진리에 이르고 견성성불 하는 것은 우리 자신입니다.

아금칭송서귀의 소원종심실원만
我今稱誦誓歸依 所願從心悉圓滿

나 아我, 이제 금今, 일컬을 칭稱, 욀 송誦, 맹세할 서誓, 돌아갈 귀歸, 의지할 의依, 바 소所, 원할 원願, 쫓을 종從, 마음 심心, 다 실悉, 둥글 원圓, 찰 만滿

제가 이제 외우고 독송하여 귀의하오니, 원하는 바는 모두 마음따라 이루어집니다.

제가지금 관음보살 염송하고 귀의하니 뜻하는일 모든것이 이뤄지길 원합니다

'아금칭송서귀의 소원종심실원만' 제가 이제 독송하여 귀의하오니 원하는 바 전부 마음따라 이루어진다는 것입니다. 여기서 원하는 바가 무엇일까요? 바로 부처 되는 것입니다. 견성성불을 하는 것입니다. 그래서 불도를 따르면 부처가 되고 견성성불을 하는 것입니다.

4-4로 해보면 '제가이제 관음보살 염송하고 귀의하니 뜻하는일 모든것이 이뤄지길 원합니다.'가 됩니다.

앞에서 천수경의 구성을 설명할 때 귀한 손님을 집에 초대할 때 어떻게 하는지 비유를 들었습니다. 이 계청은 바로 귀한 손님을 칭송하며 그들에게 훌륭한 가르침을 듣고 행하는 부분이라 할 수 있습니다.

| 4 |

관세음보살 십대원

나무대비관세음 원아속지일체법
南無大悲觀世音 願我速知一切法

남녘 남南, 없을 무無, 큰 대大, 슬플 비悲, 볼 관觀, 대 세世, 소리 음音
원할 원願, 나 아我, 빠를 속速, 알 지知, 한 일一, 모두 체切, 법 법法
대자비 관세음께 귀의합니다. 일체법을 속히 알아지기를 원합니다.

나무대비관세음 원아조득지혜안
南無大悲觀世音 願我早得智慧眼

원할 원願, 나 아我, 이를 조早, 얻을 득得, 지혜 지智, 지혜 혜慧, 눈 안
眼
대자비 관세음께 귀의합니다. 지혜의 눈 빨리 얻기를 원합니다.

자비롭고 자애로운 관세음― 보살님께
진정으로 이목숨을 거두어서 돌아가니
부처님의 가르침을 어서빨리 깨달아서
밝고밝은 지혜의눈 열리기를 원합니다

　다음에는 '관세음보살 십대원'이 나옵니다. 우리가 왜 삶
니까? 우리의 삶의 목적이 무엇입니까? 바로 부처가 되는
것입니다. 우리는 마음속에 있는 부처를 드러내어 부처가
되어야 합니다. 부처가 되기 위해서는 원을 세우고 실천을
해야합니다. 극락세계, 서방정토를 다스리는 부처인 아미
타불도 부처가 되기 전에 48원을 세워 수행 정진했습니다.
이와 같이 어떤 부처이든지 부처를 이루기 위해서는 다 원
을 세웁니다. 약사여래불도 열 가지 원을 세워 부처가 됩
니다. 석가모니 부처님에게는 네 가지 큰 원인 사홍서원이

있습니다.

우리가 사는 목적이 부처가 되기 위해서라면 이것을 이루기 위해서 열심히 살아가게 하는 것이 바로 원인 것입니다. 비록 이루어지지 않더라도 꿈을 간직하고 있다면 평생 행복해질 수 있습니다. 모든 중생이 자신의 꿈을 펼치려고 노력하거나 펼치는 것이 삶이고 그것을 따라 행한다면 부처가 되고 보살이 되기도 합니다. 우리는 진작부터 부처가 되겠다고는 생각은 하지만 그것을 위해 어떻게 살아가겠다는 원을 세우지 않는 경우가 많습니다. 만약 원이 있다면 우리는 원을 따라 행합니다. 또 꿈을 향해 갈 수 있습니다. 관세음보살 십대원처럼 원을 세우고 열심히 실천하려고 노력한다면 얼마나 훌륭한 삶이 되겠습니까? 그러면 자신 뿐만이 아니라 주위에 있는 모든 중생도 행복해지는 것입니다.

다시 말해서 우리가 부처 되겠다는 뜻이 있어도 원을 세우지 않는다면 실천하고 이루기 어렵다는 것입니다. 원도 부처님마다 내용이 다 다르듯이 그 사람의 원에 따라 맞는 모습을 이루게 됩니다. 우리가 아플 때 아픈 부위에 따라 다른 진료를 받는 것과 같습니다. 그러므로 원은 원따라 갑니다. 극락세계에 가고 싶으면 아미타불을 따르면 되고 몸의 병을 낫게 하고 싶으면 약사여래불을 따르면 되고 모든 중생을 구하고 싶으면 석가모니 부처님을 따르면 됩니다.

그럼 관세음보살 십대원을 살펴 보겠습니다. 먼저 '나무대비관세음 원아속지일체법'에서 나무는 산스크리트어로 '귀의한다'는 뜻입니다. '대자비인 이 세상의 소리를 다 들어 아시는 보살님께 귀의하오니 모든 법을 알기를 원합니다' 이런 뜻입니다.

첫 번째가 바로 모든 법을 알아지기를 원한다는 것입니다. 존재하고 있는 모든 것의 본질이 바로 무아와 무상입니다. 이 진리를 깨치면 부처님이든 나 자신이든 다 똑같습니다. 진리는 깨치고 나면 다 같습니다. 여기서 일체법은 무아와 무상에 관련된 모든 것이라 할 수 있습니다. 그러므로 '모든 법을 알기를 원합니다' 하는 이 말은 존재의 본질, 속성인 부처님이 깨친 연기를 알기를 원한다는 말인 것입니다.

두 번째로 '나무대비관세음 원아조득지혜안'은 '대자비 관세음보살께 귀의하오니 지혜의 눈 빨리 얻기를 원합니다.' 라는 뜻입니다. 지혜의 눈이란 만물의 본질을 아는 것, 연기를 의미합니다. 그러므로 지혜의 눈을 얻는다는 말은 연기를 터득한다는 뜻으로 볼 수 있습니다.

나무대비관세음이란 말은 십대원에서 원이 나올 때마다

반복되는데 뜻을 해석해보면 '진정으로 이 목숨 거두어서 돌아가니'로 해석할 수 있겠습니다.

첫 번째 원과 두 번째 원을 합쳐 '자애롭고 자비로운 관세음보살님께 진정으로 이 목숨 거두어서 돌아가니 부처님의 가르침을 어서빨리 깨달아서 밝고밝은 지혜의 눈 열리기를 원합니다.'가 됩니다.

나무대비관세음 원아속도일체중
南無大悲觀世音 願我速度一切衆

원할 원願, 나 아我, 빠를 속速, 법도 도度, 한 일一, 모두 체切, 무리 중衆
대자비 관세음께 귀의합니다. 일체 중생을 속히 제도하기를 원합니다.

나무대비관세음 원아조득선방편
南無大悲觀世音 願我早得善方便

원할 원願, 나 아我, 이를 조早, 얻을 득得, 착할 선善, 모 방方, 편할 편便
대자비 관세음께 귀의합니다. 착한 방편을 빨리 얻기를 원합니다.

자비롭고 자애로운 관세음— 보살님께
진정으로 이목숨을 거두어서 돌아가니
어서빨리 모든중생 제도하길 원하오며
그들에게 맞는방편 터득하기 원합니다

　　세 번째 '나무대비관세음 원아속도일체중'은 대자비 관세음께 귀의하오니 일체중생을 속히 제도하기를 원한다는 뜻입니다.

　　네 번째 '나무대비관세음 원아조득선방편'은 '대자비 관세음보살께 귀의하오니 착한 방편을 빨리 얻기를 원합니다'라는 뜻입니다.

　　이처럼 관세음보살의 십대원이 얼마나 체계적인지 알 수 있습니다. 첫 번째는 일체법을 알기를 원하고 그 다음은 지혜의 눈인 연기를 깨닫기를 원합니다. 깨닫고 바로 중생들을 제도합니다. 중생들을 제도하려고 하니까 방법이 필요하겠지요. 제도하려면 각자에게 맞는 여러 가지 방법을 써야 할 것입니다. 그 사람에게 맞는 방법으로 처방을 해야 모든 중생을 제도할 수 있습니다.

조선시대 서산대사의 제자인 편양 언기선사가 있었습니다. 별명이 '이먹고'노장 이었습니다. 주로 평양에서 살았는데 천민에서 사대부까지 모르는 사람이 없었습니다. 임진왜란이 끝난지 얼마 되지 않은 상황이라 전쟁 고아도 많고 거지들도 많았습니다. 편양선사는 평양 시내의 거지들을 제도하기 위하여 모란봉 기슭에 있는 거지굴에서 3백명의 거지들과 3년을 같이 생활합니다. 이러한 보살행을 통하여 거지들에게 새로운 삶의 메시지를 전하게 되고 인간답게 살아가는 방법을 찾게 해 줍니다.

세 번째 원과 네 번째 원을 합하여 말해보겠습니다. '자애롭고 자비로운 관세음보살님께 진정으로 이 목숨을 거두어서 돌아가니 어서 빨리 모든 중생 제도하기 원하오며 그들에게 맞는 방편 터득하기 원합니다.'

나무대비관세음 원아속승반야선
南無大悲觀世音 願我速乘般若船

원할 원願, 나 아我, 빠를 속速, 탈 승乘, 돌릴 반般, 같을 약若, 배 선船
대자비 관세음께 귀의합니다. 지혜의 배를 속히 타기를 원합니다.

나무대비관세음 원아조득월고해
南無大悲觀世音 願我早得越苦海

원할 원願, 나 아我, 이를 조早, 얻을 득得, 뛰어넘을 월越, 쓸 고苦, 바다 해海
대자비 관세음께 귀의합니다. 고통의 바다 빨리 건너기를 원합니다.

자비롭고 자애로운 관세음- 보살님께
진정으로 이목숨을 거두어서 돌아가니
어서빨리 큰지혜의 배를타길 원하오며
괴로움의 저바다를 건너가기 원합니다

다섯째는 '나무대비관세음 원아속승반야선' 대자비 관세음께 귀의하오니 지혜의 배를 속히 타기를 원합니다. 여섯째 '나무대비관세음 원아조득월고해' 대자비 관세음께 귀의하오니 고통의 바다 빨리 건너기를 원합니다. 이제 중생들을 제도하고 그 방편을 찾았다면 지혜의 배에 모든 중생이 오르도록 해야 합니다. 그렇게 해서 고통의 바다를 건너 열반의 세계로 들어가게 해야 합니다.

진리에 눈을 뜨게 되면 실천을 통하여 진리의 세계에 들어가도록 해야 합니다. 정진을 통하여 좋은 습관을 가지도록 해야 합니다. 석가 부처님도 아미타 부처님도 원을 세

위 놓고 그 원대로 실천을 통하여 살다보니 부처가 된 것입니다. 결국 부처되는 것도 습관을 통하여 이루어진다는 것을 알 수 있습니다.

다섯 번째 원과 여섯 번째 원을 합해 말해보겠습니다. '자애롭고 자비로운 관세음보살님께 진정으로 이 목숨을 거두어서 돌아가니 어서 빨리 큰 지혜의 배를 타기 원하오며 괴로움의 저 바다를 건너기를 원합니다.'

나무대비관세음 원아속득계정도
南無大悲觀世音 願我速得戒定道

원할 원願, 나 아我, 빠를 속速, 얻을 득得, 경계할 계戒, 정할 정定, 길
도道
대자비 관세음께 귀의합니다. 계정의 도를 빨리 얻기를 원합니다.

나무대비관세음 원아조등원적산
南無大悲觀世音 願我早登圓寂山

원할 원願, 나 아我, 이를 조早, 오를 등登, 둥글 원圓, 고요할 적寂, 뫼
산山
대자비 관세음께 귀의합니다. 둥글고 고요한 산에 빨리 오르기를 원합
니다.

자비롭고 자애로운 관세음— 보살님께
진정으로 이목숨을 거두어서 돌아가니
어서빨리 깨끗함과 올바름을 실천하여
원만고요 열반산에 오르기를 원합니다

　　일곱 번째 '나무대비관세음 원아속득계정도' 대자비 관
세음께 귀의하오니 계정의 도를 빨리 얻기를 원합니다. 여
덟 번째 '나무대비관세음 원아조등원적산' 대자비 관세음
께 귀의하오니 둥글고 고요한 산을 빨리 오르기를 원합니
다. 여기서 둥글고 고요한 산은 바로 열반의 경지를 말하
는 것입니다.
　　우선 부처 되기 위해서는 올바름과 깨끗함을 실천해야
합니다. 계정의 도가 바로 계를 지키고 바르게 나아간다는

말인데 이것이 올바름과 깨끗함이 됩니다. 삶에서 올바름과 깨끗함을 실천하면 부처가 될 수 있습니다. 고통의 바다를 건너기 위해서는 계정의 도를 지켜야 하는 것입니다. 계정의 도를 지키면서 고통의 바다를 건너면 바로 열반에 이르게 됩니다.

일곱 번째 원과 여덟 번째 원을 합하여 말해보겠습니다. '자애롭고 자비로운 관세음보살님께 진정으로 이 목숨을 거두어서 돌아가니 어서 빨리 깨끗함과 올바름을 실천하여 원만고요 열반산에 오르기를 원합니다.'

나무대비관세음 원아속회무위사
南無大悲觀世音 願我速會無爲舍

원할 원願, 나 아我, 빠를 속速, 만날 회會, 없을 무無, 할 위爲, 집 사舍
대자비 관세음께 귀의합니다. 무위의 집을 빨리 만나기를 원합니다.

나무대비관세음 원아조동법성신
南無大悲觀世音 願我早同法性身

원할 원願, 나 아我, 이를 조早, 같을 동同, 법 법法, 성품 성性, 몸 신身
대자비 관세음께 귀의합니다. 진리의 몸과 빨리 같아지기를 원합니다.

자비롭고 자애로운 관세음— 보살님께
진정으로 이목숨을 거두어서 돌아가니
연기법을 터득하여 인과응보 바로알아
어서빨리 진리의몸 이루기를 원합니다

　아홉 번째 '나무대비관세음 원아속회무위사' 대자비 관세음께 귀의하오니 무위의 집에서 빨리 만나기를 원합니다. 마지막으로 '나무대비관세음 원아조동법성신'은 대자비 관세음께 귀의하오니 진리의 몸과 같아지기를 원합니다.

　존재는 깨닫지 못한 눈으로 보면 유위법입니다. 하지만 깨달음의 눈으로 보면 무위법입니다. 여기서 무위의 집이란 바로 우리가 열반에 이르고 깨달음에 이른 뒤에 사는 보금자리입니다. 무위의 집에 산다면 이제 부처와 같아진 것입니다. 연기를 인식하고 무위에 머물러 있으면 부처가 되어 무위의 집에 사는 것이며, 연기를 인식하지 못한 유위에 머물러 있으면 중생으로 유위의 집에 사는 것입니다. 연기를 인식하여 무위의 집에 사는 순간 진리와 하나가 됩니다. 여기서 진리의 몸과 하나가 됩니다. 관세음보살 십대원을 보면 하나하나가 따로 있는 것이 아니라 모든 원들이 연결되어 있음을 알 수 있습니다.

아홉 번째 원과 마지막 원을 합하여 말해보겠습니다. '자애롭고 자비로운 관세음보살님께 진정으로 이 목숨을 거두어서 돌아가니 연기법을 터득하여 인과응보 바로알고 어서 빨리 진리의 몸 이루기를 원합니다.' 연기법을 터득하면 무위가 됩니다. 여기서 인과응보라는 말을 넣은 것은 연기법이 바로 인연과 법칙이고 인과응보입니다. 현상론적으로 이해를 쉽게 하고 뜻을 더욱 구체적으로 하기 위해 넣은 것입니다.

이제까지 설명한 관세음보살 십대원의 구조를 알기 쉽게 도표로 한 번 보겠습니다.

일체법을 알아 지혜를 터득하고
↓
중생을 제도하는 방편을 터득하여
↓

지혜의 배를 타고 고통바다를 건너고

↓

계정혜를 실천하여 열반산에 오르고

↓

연기법을 깊이 인식하여 부처가 되다

| 5 |

육향육서, 여섯가지 서원

아약향도산 도산자최절
我若向刀山 刀山自摧折

나 아我, 같을 약若, 향할 향向, 칼 도刀, 뫼 산 山, 칼 도刀, 뫼 산山,
스스로 자自, 꺾을 최摧, 꺾을 절折
내가 칼산 지옥으로 향하면 칼산 절로 꺾어지고

아약향화탕 화탕자소멸
我若向火湯 火湯自消滅

나 아我, 같을 약若, 향할 향向, 불 화火, 끓일 탕湯, 불 화火, 끓일 탕
湯, 스스로 자自, 사라질 소消, 멸할 멸滅
내가 화탕지옥으로 향하면 화탕지옥 절로 소멸되고

칼산지옥 내가가면 칼산절로 무너지고
화탕지옥 내가가면 화탕절로 없어지네

　이번 시간에는 여섯 방향 혹은 여섯 세계에 대한 6가지 서원을 할 차례입니다. 이 6가지 서원은 곧 6향 6서로서 서원의 절정이라 할 수 있습니다. 6향 6서는 6가지 방향을 향해 6가지 서원을 세우는 것으로 우리가 부처가 되었을 때 이루어지는 모습을 나타낸 것이라 할 수 있습니다.

　먼저 육향이 무엇인지 알아보겠습니다. 앞에서 교리 공부할 때 육도윤회에 대해서 배웠습니다. 6도란 지옥, 아귀, 축생, 수라, 인간, 천상입니다. 6향 6서란 바로 이 육도를 향해 여섯 가지 원을 세우는 것입니다. 그러니까 지옥부터 하늘까지 온 우주를 향해 내 원을 발하는 것입니다. 원을 세워 지극하면 그 자체가 지극함을 이룹니다.

본문에 나오는 것처럼 '아약향도산 도산자최절' 내가 칼산 지옥으로 향하면 칼산절로 꺾어지고 '아약향화탕 화탕자소멸' 내가 화탕 지옥으로 향하면 화탕 지옥이 저절로 소멸한다는 뜻입니다. 결국 내가 지옥세계에 가면 지옥이 없어지는 것입니다. 얼마나 지극하면 내가 지옥을 보자마자 그 지옥이 없어지겠습니까? 이것만 보아도 6향 6서는 서원의 극치라 할 수 있습니다.

부처가 되기 위하여 공부를 하다보면 자연스럽게 이러한 원을 세우는 시기가 오게 됩니다. 저도 참선에 빠져 몇 년 동안 잠도 자지 않고 다리를 틀고 앉았던 적이 있습니다. 이 때 '내 모습을 보는 이나 내 음성을 듣는 이는 모두 편안한 마음이기를, 가슴에는 자애로움이 가득하기를' 하는 지극한 마음이 가슴에 가득 차며, 또한 모든 대상에게도 이러한 마음이 충만 되기를 간절히 바라는 마음이 일어나는 것을 체험하였습니다.

유식을 공부할 때 설명했습니다. 우리가 누군가를 보았을 때 모르는 사람인데도 왠지 마음에 드는 경우가 있는데 그 이유는 바로 전생의 자신의 업으로 인해 그렇다고 했습니다. 여기서도 유식의 원리를 잘 이해하면 서원의 극치를 이해할 수 있습니다. 내가 칼산지옥에 가서 보기만 해도 그 지옥이 극락으로 변해버립니다. 지옥이 가지고 있는 탐욕과 모든 악덕이 사라져버리는 것입니다.

깨달음의 원력이란 상상을 초월합니다. 이것을 상식으로 이해할 수 없을 때 '신통묘용'이란 말로 표현합니다.

부처님이 지옥에 가서 보기만 해도 지옥의 모든 것이 극락의 마음을 가지게 되어 연꽃이 피어나며, 정신병자가 부처님을 보기만 해도 바른 정신으로 돌아오는 일이 벌어지는 것입니다. 내가 부처가 되겠다는 지극한 원을 발하게 되면 외부에 까지 영향이 미치게 됩니다. 그래서 지옥은 보기만 해도, 가기만 해도 무너지는 것입니다.

4-4구절로 해보면 '칼산지옥 내가가면 칼산절로 무너지고 화탕지옥 내가가면 화탕절로 없어지네' 이렇게 됩니다.

아약향지옥 지옥자고갈
我若向地獄 地獄自枯渴

나 아我, 같을 약若, 향할 향向, 땅 지地, 감옥 옥獄, 땅 지地, 감옥 옥獄, 스스로 자自, 마를 고枯, 목마를 갈渴
내가 지옥으로 향하면 지옥 절로 말라지고

아약향아귀 아귀자포만
我若向餓鬼 餓鬼自飽滿

나 아我, 같을 약若, 향할 향向, 굶주릴 아餓, 귀신 귀鬼
굶주릴 아餓, 귀신 귀鬼, 스스로 자自, 배부를 포飽, 찰 만滿
내가 아귀세계로 향하면 아귀 스스로 배 부르고

모든지옥 내가가면 지옥절로 말라지고
아귀세계 내가가면 아귀절로 배부르네

'아약향지옥 지옥자고갈' 내가 지옥으로 향하면 지옥절로 말라지고 '아약향아귀 아귀자포만' 내가 아귀세계로 향하면 아귀 스스로 배부르네 라는 뜻입니다.

아귀의 덩치는 산만한데 목구멍은 바늘구멍보다 더 작습니다. 그래서 조그마한 티끌도 목구멍으로 넘길 수가 없습니다. 공양할 때 스님들이 천수물을 떠 놓고 거기에 시식을 합니다. 그 천수물은 탐진치를 떠난 수행자들의 거룩한 마음이 담겨 있는 아주 깨끗한 물입니다. 아귀는 그 천수물 밖에 먹지 못합니다. 부처를 이루겠다고 원을 세우고 도를 이룬 사람들의 깨끗한 마음으로 내놓은 천수 밖에 못 먹는 것입니다.

수행자가 수행을 하지 않고 수행자 자체가 줄어들면 아귀나 축생이나 지옥은 늘어날 수 밖에 없습니다.

내가 깨치고 나면 지옥의 마음이 무너지고 아귀의 마음이 무너지고 축생의 마음이 무너진다면 그보다 더 좋은 일이 어디 있겠습니까? 깨달음이란 바로 스스로 향기를 내며 바깥으로 퍼져나가는 것입니다. 그래서 지극한 원 때문에 주위의 모든 것이 동화되는 것입니다.

4-4로 해보면 '모든지옥 내가가면 지옥절로 말라지고 아귀세계 내가가면 아귀절로 배부르네'가 됩니다.

아약향수라 악심자조복
我若向修羅 惡心自調伏
나 아我, 같을 약若, 향할 향向, 닦을 수修, 벌릴 라羅, 악할 악惡, 마음
심心, 스스로 자自, 고를 조調, 엎드릴 복伏
내가 수라세계로 향하면 악한 마음 저절로 조복되고

아약향축생 자득대지혜
我若向畜生 自得大智慧
나 아我, 같을 약若, 향할 향向, 가축 축畜, 날 생生
스스로 자自, 얻을 득得, 큰 대大, 지혜 지智, 지혜 혜慧
내가 축생세계로 향하면 스스로 큰 지혜 얻게 하소서

수라세계 내가가면 악심절로 사라지고
짐승세계 내가가면 지혜절로 생겨나네

인간세계 내가가면 아집절로 사라지고
하늘세계 내가가면 환희심이 절로나네

'아약향수라 악심자조복' 내가 수라세계로 향하면 악한
마음 저절로 조복되고 '아약향축생 자득대지혜' 내가 축생
세계로 향하면 스스로 큰 지혜 얻게 하소서가 됩니다.

수라세계가 어떤 세계입니까? 수라란 전쟁과 투쟁을 좋
아하는 악심이 가득한 신들입니다. 아수라장이란 말이 바
로 투쟁과 전쟁을 좋아하는 수라에서 유래한 것입니다. 내
가 수라세계로 향하면 악심이 저절로 소멸되고, 내가 축생
세계로 가면 축생들이 큰 지혜를 얻습니다.

윤회하는 모든 생명체가 갖고 있는 속성이 바로 탐심, 진심, 치심입니다. 이 가운데 탐욕이 가장 강하면 지옥과보를 받고 진심이 가장 강하면 아귀과보를 받고 어리석음이 가장 강하면 축생과보를 받게 됩니다. (아)수라, 인간, 천상은 그래도 탐진치가 가벼울 때 받는 과보입니다.

4-4구절로 해보면 '수라세계 내가가면 악심절로 사라지고 짐승세계 내가가면 지혜절로 생겨나네' 이렇게 됩니다. 이러한 것의 바탕이 자비이며, 자비에서 핀 꽃이 바로 지혜라 할 수 있습니다.

이제 육도 가운데 인간과 하늘세계가 남았습니다. 인간은 왜 자신을 나라고 고집하면서 무명을 타파하지 못하고 있습니까? 이는 바로 알라야식이라고 하는 업의 종자를 자신이라고 고집하는 아집 때문입니다. 그래서 '인간세계 내가가면 아집절로 사라지고 하늘세계 내가가면 환희심이 절로이네'가 되는 것입니다.

그러므로 6향 6서가 육도 윤회하는 모든 세상에 내가 가면 바로 부처의 나라가 된다는 것입니다. 얼마나 지극하고 거룩한 원이면 그렇게 되겠습니까?

천수경 서설을 강의할 때 수월스님 이야기를 한 적이 있습니다. 구한말 불교를 다시 일으킨 분이 바로 경허스님입니다. 그 경허스님에게는 수제자인 만공스님과 수월스님,

혜월스님이 계셨습니다. 만공스님은 수덕사를 중심으로 법을 펼쳤고 혜월스님은 남쪽으로 내려가 선불교를 펼쳤고 수월스님은 북간도로 갑니다.

　지난번에도 말했듯이 수월스님이 바로 다라니의 은혜를 몸으로 체험했습니다. 그 당시 북간도에는 마적 때문에 해가 지면 사람들이 집 밖을 나가지 못했습니다. 집집마다 마적이 습격하지 못하도록 맹견을 키웠습니다. 그래서 저녁에 마을을 지나가면 무사히 나올 수가 없었습니다. 그런데 수월스님이 어느 날 저녁 무렵에 북간도에 도착했습니다. 수월스님이 지나가자 마을의 개들이 짖기 시작했습니다. 마을 사람들은 인기척과 개 짖는 소리를 듣고 누군지는 모르겠지만 참 안됐다고 생각했습니다. 다음날 마을 사람들이 나와 보니 놀라운 광경이 펼쳐져 있었습니다. 마을 한가운데 수월스님이 멀쩡하게 앉아 있고 그 주위에 개들이 꼬리를 흔들며 앉아 있는 것이었습니다. 바로 스님의 자비로 그 사납던 개들의 악한 마음이 사라지고 얌전해졌던 것이었습니다. 이것이 바로 6향 6서의 힘입니다. 내가 그런 마음이 되면 상대가 인간뿐만이 아니라 동물, 식물이라도 그 마음을 이해하고 느낍니다.

　우리는 원을 이루기 위해, 행복해지기 위해서 자신의 세상을 만들어가며 살아가고 있습니다. 자신이 이루는 세상이 바로 행복의 원천이요, 극락입니다. 다른 사람들까지 행복하게 할 수 있습니다. 그래서 부처님 같은 사람들은 자신뿐만 아니라 주위 사람들, 주변까지 변화시킵니다. 나의 이러한 생각이 주위 사람을 감화시키고 주위 사람들이 그를 따르면서 문화가 형성됩니다. 하나의 가치관이 형성되는 것입니다.

문화의 이동, 높은 곳에서 낮은 곳으로

클로스비는 유럽문화가 아메리카로, 아시아로 넘어가는 것을 보고 그것을 생태학적으로 연구한 사람입니다. 이 사람은 아메리카 인디언의 한 부족인 수우족에서 일어난 어떤 사건을 주목했습니다. 수우족의 한 여인이 성병에 걸렸던 것입니다. 그 성병의 원인에 대하여 역학조사를 시행하였습니다.

보통 버팔로 30마리 정도면 수우족의 1년 양식이 됩니다. 그래서 버팔로의 수는 수천, 수만인데 줄어드는 수가 상대적으로 적기 때문에 번식을 계속합니다. 개체수가 줄지 않는 버팔로가 아메리카 대초원의 이곳저곳을 이동하면서 풀을 몽땅 뜯어 먹습니다. 버팔로에게서 살아남을 수 있는 풀은 겨우 한 두 종류 밖에 되지 않았습니다. 이렇게 식물과 버팔로와 수우족은 연관되어 살아왔습니다.

그런데 서양인들이 아메리카로 건너오면서 버팔로를 살상하기 시작합니다. 1년에 30~50마리 정도 줄어들었던 버팔로가 1년에 200만 마리가 줄어들었던 것입니다. 버팔로 수가 줄어들자 여태까지 이 곳에 침범하지 못했던 다른 동물, 식물들이 침범하기 시작했습니다. 이렇게 되자 수우족에게 돌아가는 버팔로 수도 자연히 줄게 되었습니다. 버팔로 수가 줄자 수우족에게 영양공급이 제대로 되지 않아 여자들이 아이를 낳지 못했습니다. 그래서 수우족 여인들은 돈을 벌기 위해 사냥꾼들에게 몸을 팔게 되었습니다. 이것이 바로 성병의 원인이었던 것입니다. 이 문화의 이동에 관한 생태학적인 연구는 세계 문화의 흐름에 대한 인식을 새롭게 한 계기가 되었습니다.

이처럼 서구의 기독교 문화는 점점 번성하여 세계의 문화를 잠식해가고 있습니다. 이 기독교 문화가 우리 동양에서는 기존의 문화를 말살하는 형태로 들어오고 있습니다. 우리가 불교에 관심을 가지고 불교를 잘 알아야 하는 것도 우리의 문화권을 지키는 것과 연관이 깊음을 알 수 있습니다. 불교가 우리 문화의 중요한 부분을 이루고 있기 때문입니다. 도둑이 들어오는 것을 알면 그를 막을 수 있는 것처럼 말입니다.

관세음보살의 10가지 다른 이름

자비하신 관세음- 보살님께 귀의합니다
위대하신 대세지- 보살님께 귀의합니다
천수행자 천수- 보살님께 귀의합니다
신통하신 여의륜- 보살님께 귀의합니다
덕있으신 대륜- 보살님께 귀의합니다
자재하신 관자재- 보살님께 귀의합니다
편안하신 정취- 보살님께 귀의합니다
원만하신 만월- 보살님께 귀의합니다
걸림없는 수월- 보살님께 귀의합니다
악한마음 소멸하는 군다리께 귀의합니다
탐욕심을 다스리는 십일면께 귀의합니다
온세상에 두루하신 보살님께 귀의합니다
본래스승 아미타불 부처님께 귀의합니다 (3번)

천수경의 원제가 바로 '천수천안관세음보살무애대비심대다라니경'입니다. 관세음보살은 10가지 다른 이름이 있습니다. 관세음보살 이름 가운데 가장 잘 알려진 이름이 관자재보살입니다. 세상의 모든 소리를 듣고 모든 중생을 구제해주는 것이 이 관세음보살입니다. 관자재보살의 관자재의 의미는 스스로를 본다는 뜻으로 구제뿐만 아니라

지혜의 상징이며 우리를 깨달음의 세계로 이끌어 주기도 합니다. 우리가 연기를 알고 진리를 깨치면 무명이 타파되고 끝없는 자비와 광명이 나오는데 이것이 바로 관세음보살이며 관자재보살인 것입니다.

그 다음을 보면 '나무관세음보살 마하살' 이란 말이 나오는데 '위대한 관세음보살님께 귀의합니다' 라는 뜻입니다.

첫째는 대세지보살입니다. 이 대세지보살이 관세음보살의 또 다른 이름입니다. 대세지보살은 지혜의 빛으로 삼악도 즉 지옥, 아귀, 축생에 있는 중생들을 구제하는 보살입니다.

둘째는 천수보살입니다. 여기의 천수는 천수천안의 천수로 천개의 손이란 뜻입니다. 이 천개의 손으로 중생들을 돌보시는 분이 바로 천수보살입니다.

셋째는 여의륜보살입니다. 여의륜이란 삼매 속에서 법륜을 굴리는 것입니다. 우리가 연기를 깨치지 못했을 때는 항상 무명이라서 끝없이 혼란스럽습니다. 연기를 깨치면 내 마음은 열반적정이 되는데 이 열반적정의 상태가 바로 삼매입니다. 그러니까 여의륜보살은 삼매 속에서 법륜을 굴리며 중생들을 교화하는 보살입니다. 또한 우리의 원을 원만하게 성취시켜 주는 것도 이 여의륜보살입니다.

넷째는 대륜보살입니다. 대륜보살은 미혹과 어리석음,

무명을 지혜와 덕으로써 끊습니다. 이 관세음보살의 상징이 지혜와 자비입니다. 관세음보살은 부처님이 깨치신 연기의 양면성을 상징하는 것입니다. 여기서 관세음과 관자재는 상징을 대표하며 나머지 10개의 이름들도 그 의미에 따른 것입니다.

다섯째는 관자재보살입니다. 나무관자재보살 마하살은 스스로를 보고 아는 지혜의 상징입니다. 산스크리트어로 표현하면 '아발로키테스바라'가 됩니다. 부처님이 깨친 연기를 행위인 자비의 입장에서 보면 관세음보살이고 지혜의 입장에서 보면 관자재보살이 됩니다.

여섯째는 정취보살입니다. 정취보살은 바른 곳으로 나아가게 하는 보살입니다. 여기에는 3정취가 있는데 바로 아수라, 인간, 천상입니다. 바른 세계입니다. 우리가 극락에 가고 싶거나 해탈을 하고 싶을 때 도와주고 인도해주는 보살이 정취보살입니다. 이 정취보살은 화엄경 '입법계품'에도 나옵니다. 선재동자가 53선지식을 친견하는 가운데 정취보살이 나옵니다. 이 때 선재동자가 정취보살에게 자신은 부처가 되겠다는 원을 세웠는데 어떻게 보살도를 실천할 수 있는지 묻는 대목이 나옵니다.

일곱째는 만월보살입니다. 만월은 보름달로 모든 것이 원만하게 성취됨을 상징합니다. 공덕과 상호가 원만한 보살이 만월보살입니다. 이 만월보살은 묘법연화경 '서품'에 나옵니다. 부처님이 깨달음의 세계를 설한다고 하니까 많은 대중들이 모여듭니다. 부처님의 제자, 보살들이 나오는데 그 가운데 만월보살이 있습니다.

여덟째는 수월보살입니다. 수월은 물에 비친 달을 의미합니다. 물에 비친 달은 어떻습니까? 달은 하나지만 수많은 강에 다 달이 비칩니다.

수월보살은 달처럼 중생에게 내려가서 중생들에게 맞는 형태로 중생을 구제해주는 보살입니다. 중생들에게 맞는 방편을 가장 잘 쓰는 보살이라 할 수 있겠습니다.

아홉째는 군다리보살입니다. 군다리보살은 '보배병'이라는 병을 들고 다닙니다. 이 병 안에는 묘약이 있어 일체의 모든 고통을 덜어줍니다. 이 묘약으로 일체의 고통을 덜어주고 자비를 베풀고, 악한 마음에서 선한 마음을 지켜주는 보살이 이 군다리보살입니다.

열 번째는 십일면보살입니다. 이 십일면보살은 얼굴을 열한 가지로 변화하면서 중생을 구제해줍니다. 십일면보살은 아수라에서 중생을 구해줍니다.

그 다음 '나무제대보살 마하살'이란 말이 나옵니다. 이 제대보살이란 말은 다름이 아니라 온 세상의 모든 보살이 관세음보살이란 뜻입니다. 나무제대보살 마하살을 해석해보면 '온 세상에 두루하신 보살님께 귀의합니다.' 관세음보살은 왜 자신을 돌보지 않고 끊임없이 중생들을 돌봅니까? 그것은 바로 부처가 되기 위해서입니다. 결국 아미타불에게 회향합니다.

마지막 '나무본사아미타불' 이것을 해석해보면 '본래스승 아미타불께 귀의합니다'가 됩니다. 그러므로 모든 보살의 종착역은 바로 부처임을 알 수 있습니다. 우리는 관세음보살의 총11개의 이름을 살펴보면서 어떻게 모든 중생을 구제하고 제도하는지 알아보았습니다.

이 관세음보살은 다른 곳에 있는 것이 아닙니다. 바로 내 마음 속에 있습니다. 내가 진리를 깨우친 만큼 중생에서 보살로 변해가는 것입니다.

| 6 |

신묘장구대다라니

오늘은 천수경에서 지금까지 한 번도 손을 대지 않았던 부분인 신묘장구대다라니에 대해서 한 번 살펴보겠습니다. 신묘장구대다라니를 중심으로 천수경이 만들어졌습니다.

신神의 나라, 인도

인도라는 나라에는 매우 많은 신이 있습니다. 예를 들어 하나님이 우주를 창조하였다 했을 때 인도에서는 우주를 창조한 신이 브라흐만입니다. 지구상에서 신이 가장 많은 나라가 인도입니다. 그래서 우리는 인도를 신의 나라라고 합니다.

존재하고 있는 모든 것은 세 부분으로 나눌 수 있습니다. 존재하기 위해서는 생겨야 하고, 다음은 존재하고, 다음에는 멸하는 것입니다. 브라흐만을 세 부분으로 나눌 수 있는데 첫째는 생(生) 즉 탄생해야 하며, 이것을 관장하는 신이 브라흐마신입니다. 둘째는 생기고 나면 주(住) 즉 존재하며, 이것을 관장하는 신이 비슈누신입니다. 셋째는 존재하는 것은 언젠가는 멸하게 되는데, 이 멸하는 것을 관장하는 신이 시바신입니다.

모든 존재는 생주이멸(生住異滅)을 끊임없이 되풀이하고, 생노병사를 하고 성주괴공(成住壞空)을 합니다. 존재하는 모든 것은 끊임 없이 태어나고 존재하다가 늙고 병들어 죽어야 하는 원칙이 신들의 나라에서도 똑같이 적용됩니다.

그래서 브라흐만이라는 절대 신이 있어, 세상을 세부분으로 나누어 관장합니다. 존재 창조의 신 브라흐마와 유지 존재의 신 비슈누와 멸하고 파괴하는 신 시바로 나눌 수 있습니다. 모든 것은 탄생하고 만들어져야만 된다고 하여 이것을 관장하는 신이 브라흐마이며 창조의 신입니다. 창조 된 것은 일정하게 유지되어야 합니다. 비슈누는 유지의 신이므로 존재하는 것들이 일정한 기간 동안 존속하고 일정 기간 유지를 할 수 있도록 하는 신입니다. 시바는 파괴의 신이라 하여 존재한 것들을 멸하게 만듭니다. 우리가 생명을 받아 살다가 죽는데 죽음을 관장하고 파괴하는 신, 멸을 관장하는 신이 바로 시바 신입니다.

이것이 인도 신의 계보 입니다. 천수경이 속해 있었던 시기는 대승불교가 인도사회에서 쇠퇴하면서 새로 일어난 불교인 밀교시대입니다.

어느 나라든지 고유신앙과 문화를 가지고 있으며 또한 외래로부터 들어온 문화와 문물이 있습니다. 이것들이 서로 상호 작용하여 새로운 문화와 문물을 만들어가며 유지됩니다. 새롭게 들어온 외부 문화가 성할 때는 민족 고유 것이 약해지고 외부에서 들어온 문화가 약해지면 고유 신앙이 강해집니다. 부처님 이전의 인도와 이후의 인도는 많은 변화가 일어납니다.

삶의 중심의 이동, 신에서 인간으로

인간의 능력이 제대로 세상을 인지, 인식하지 못할 때는 신神 중심의 세상이 됩니다. BC 2500년 전부터 BC 1500년 전까지는 신 중심 사회였습니다. 서구사회에서 예수는 언제 태어납니까? 우리는 모두 AD 원년으로 알고 있습니다. 그 이전 까지는 신 중심 사회였습니다. 인도에서는 서구보다 500년 먼저 신 중심에서 새로운 인간중심의 사회로 탈바꿈 되는 것이 부처님과 더불어 시작됩니다.

인도의 신 중심의 사회에 중심을 이루었던 것이 브라만교이며 이 사상이 서민에게 까지 확산되면서 인도의 민간신앙인 힌두교가 성립됩니다.

신 중심의 사회에서 부처님의 출현으로 인간중심 사상이 싹 터고 불교가 일어납니다. 불교가 일어나면서 인도 사회에서 인간 중심의 문화가 강해져서 대승불교가 성하게 됩니다. 약 AD 400년에서 500년 까지는 대승불교가 성하게 됩니다. 대승불교가 쇠퇴의 길을 걷게 되면서 불교가 새롭게 탈바꿈 하는 데 민간신앙인 힌두교 영향이 강력하게 가미된 밀교로 발전하면서 많은 진언이 불교 속으로 유입됩니다. 진언은 신에게 바치는 노래입니다. 이런 진언들이 불교 속으로 들어오게 된 것입니다.

천수경의 가장 신비로운 힘의 집합체가 신묘장구대다라니입니다. 신묘장구대다라니에서 인도에 있는 많은 신들이 어떻게 존재하고 찬탄되고 찬양되는지 잘 나타나 있습니다.

신묘장구대다라니는 진언이니까 신에 대한 찬탄 찬양 예배로 시작합니다. 불교 속으로 흡수 되었으므로 불교화 시켜 불교 것으로 만들어야 합니다. 힌두교 입장에서 볼 때 불교에 많은 영향을 미쳤지만 불교에서는 불교의 것으로 만들어야 불교가 됩니다. 다라니에 대한 해석을 원래 주어진 대로 신에 대한 찬탄과 예찬으로 해석한다면 불교와 전혀 무관한 부분이 될 수도 있습니다. 그러나 불교 속에 들어왔으므로 불교화 시켜 해석을 잘하면 불교 영역이 넓어집니다. 그래서 다라니에 대한 올바른 해석과 이해가 필요합니다. 다라니를 번역한 많은 분들이 글자의 음 그대로 번역하여 신에 대한 찬탄과 예배에 가까운 것을 여기서는 최대한 불교화시켜 번역하였습니다. 그리고 많은 신들이 나오는데 불교화된 신입니다.

신묘장구대다라니

1나모라 다나다라야야 / 2나막알약 바로기제 새바라야 / 3모지사다바야 마하 사다바야 마하가로 니가야 / 4옴살바 바예수 다라나 가라야 / 5다사명 나막 가리다바 이맘알야 바로기제 새바라 다바 / 6니라간타 나막 하리나야 마발다 이사미 / 7살발타 사다남 수반 아예염 살바 보다남 바바말아 미수다감 다냐타 / 8옴 아로계 아로가 마지로가 지가란제 혜혜하례 / 9마하모지 사다바 사마라 사마라 하리나야 / 10구로구로 갈마 사다야 사다야 / 11도로도로 미연제 마하미연제 / 12다라다라 다린 나례 새바라 자라자라 / 13마라 미마라 아마라 몰제예 혜혜 / 14로계 새바라 라아 미사미 나사야 / 15나베 사미사미 나사야 / 16모하자라 미사미 나사야 / 17호로호로 마라호로 / 18하례 바나마 나바 사라사라 시리시리 소로소로 못쟈못쟈 모다야 모다야 / 19매다리야 니라간타 가마사 날사남 바라 하리나야 마낙 사바하 / 20싯다야 사바하 / 21마하싯다야 사바하 / 22싯다 유예 새바라야 사바하 / 23니라간타야 사바하 / 24바라하 목카 싱하 목카야 사바하 / 25바나마 하따야 사바하 / 26자가라 욕다야 사바하 / 27상카 섭나녜 모다나야 사바하 / 28마하라 구타다라야 사바하 / 29바마사간타 니사 시체다 가릿나이나야 사바하 / 30먀가라 잘마 이바 사나야 사바하 / 31나모라 다나다라 야야 나막알야 바로기제 새바라야 사바하(세번)

우리말 해석

1. 귀의(歸依) 삼보(三寶) 하옵니다.

2. 성스러운 관자재보살님께 귀의합니다.

3. 보살이시여! 큰 보살이시여! 큰 자비보살이시여!

4. 아! 일체의 두려움에서 구제해 주시니 옴.

5. 그런 까닭에, 어지시고 성스러운 관자재보살님께 귀의하며 또한 찬탄합니다.

6. 푸른 목을 가진 보살의 그 마음을 가슴에 새기겠습니다.

7. 모든 목적을 성취하신 훌륭한 최상의 존재이시며, 모든 존재들의 삶의 길을 청정하게 하시는 그런 삶을 살겠습니다.

8. 아! 광명보살이시여, 광명의 지혜보살이시여, 세간을 초월하신 보살이시여! 저 피안으로 우리를 실어 나르소서.

9. 큰 보살님이시여! 저희들이 마음의 진언을 억념하게 하소서. 억념하게 하소서.

10. 진언을 염송하는 행위를 성취하게 하소서. 성취하게 하소서.

11. 진언을 염송하여 모든 것을 성취한 자여! 크게 성취한 자여!

12. 보호하고 지켜주소서, 번개를 지니신 절대자시여! 저희들을 지켜주소서.

13. 더러움을 떠난 티없이 깨끗하고 원만한 보살이시여, 여기 내려오소서. 내려오소서.

14. 세계의 주인이시여, 탐욕의 독을 소멸케 하소서.

15. 성냄의 독을 소멸케 하소서.

16. 어리석음의 독을 소멸케 하소서.

17. 아! 보살님이시여, 아! 아!

18. 연꽃의 마음을 간직한 보살님이시여! 시냇물이 흐르듯이 그렇게 흘러, 큰 강물이 흐르듯이 그렇게 흘러, 작은 강물이 흐르듯이 그렇게 흘러, 어서 빨리 깨닫게 하소서, 깨닫게 하소서.

19. 자비심이 깊으신 푸른 목을 가진 보살님이시여, 욕망을 부숴 버린 바라하라니아의 마음의 원만성취에 자비광명 충만하시기를.

20. 성취하신 분께 자비광명 충만하시기를.

21. 크게 성취하신 분께 자비광명 충만하시기를.

22. 요가를 성취하신 관자재보살님께 자비광명 충만하시기를.

23. 청경관음보살님께 자비광명 충만하시기를.

24. 산돼지 얼굴, 사자 얼굴을 한 관세음보살께 자비광명 충만하시기를.

25. 연꽃을 손에 잡으신 관세음보살께 자비광명 충만하시기를.

26. 큰 바퀴를 지닌 관세음보살께 자비광명 충만하시기를.

27. 법 소라 나팔 소리로 깨어난 관세음보살께 자비광명 충만하시기를.

28. 위대한 금강저를 가진 관세음보살께 자비광명 충만하시기를.

29. 왼쪽 어깨쪽을 굳게 지키는 흑색의 승리자이신 관세음보살께 자비광명 충만하시기를.

30. 호랑이 가죽 위에 머물러 있는 관세음보살께 자비광명

충만하시기를.

31. 삼보께 귀의하여 받듭니다. 성스러운 관자재보살님께 귀의합니다.

32. 아! 모두 이루어지라. 진언구(眞言句)를 위해 자비광명 충만하시기를. 옴.

구체적인 설명

1. 나모라 다나 다라야야
(namor tratrayaya)

나모(귀의하여 받든다, 나무라고도 함), 라다나(보배), 다라야(삼), 야(--에게, 위격조사)

귀의(歸依) 삼보(三寶) 하옵니다.

2. 나막알야 바로기제 새바라야
(namaharya avavalokite sraraya)

나막(나모), 알야 바로기제 세바라야(아발로기테스와라야), 알약(성스럽다), 바로기제새바라(관자재), 야(--에게, 위격조사)

성스러운 관자재보살님께 귀의합니다.

3. 모지사다바야 마하 사다바야 마하 가로니가야
(badhi straya maha sattaya maha karunikaya)

모지(보리), 사다바(살타), 마하(큰), 가로니가(비췸), 야(--에게, 위격조사)

보살이시여! 큰 보살이시여! 큰 자비보살이시여!

4. 옴 살바 바예수 다라나 가라야 다사명
(Om sarva bhauesu trna kasraya)

옴(우주의 핵심, 아!), 살바(일체), 바예수(두려움들에서), 다라나(구제, 구도), 가라(행위한다), 야(--에게, 위격조사)

아! 일체의 두려움에서 구제해 주시니 옴.

5. 다사명 나막가리다바 이맘 알야 바로기제 세바라 다바
(tasmai namah-krlva imamarva valokitesratva)

다사명(그런 까닭에), 나막(나모, 귀의하여 받든다), 가리다바(어지신
분). 이맘(이, 이를), 알야(알약, 성스럽다), 바로기제 세바라(관자재보
살), 다바(찬탄하다)

그런 까닭에, 어지시고 성스러운 관자재보살님께 귀의하며
또한 찬탄합니다.

6. 니라간타 나막 하리나야 마발타 이사미

(nilakantha namah hrdaya marart yisrami)

니라(푸른), 간타(목), 나막(--라고 이름하는), 하리나야(마음, 심수, 진
언), 마발타 이사미(염송하겠다, 반복하겠다)

푸른 목을 가진 보살의 그 마음을 가슴에 새기겠습니다.

7. 살발타사다남 수반 아에염 살바보다남 바바말아 미수다감 다냐타

(sarvatha-sadhanam subhan aievm sarvabhutuna m bhave tadyatha)

살바(일체). 르타(목적, 이익). 사다남(완성, 성취). 수반(길상, 훌륭한).
아예염(불가승, 이길 수 없는). 보다남(존재). 바바말아(탄생하다, 존재
하다, 있다, 삶의 길). 미수다감(정화, 청정), 다냐타(그것은 다음과 같
다)

모든 목적을 성취하신 훌륭한 최상의 존재이시며, 모든 존재
의 삶의 길을 청정하게 하시는 그런 삶을 살겠습니다.

8. 옴 아로게 아로가 마지로가 지가란제 혜혜 하례

(Om aloke aloka matilaka tikarate hahe haye)

옴(아!). 아로게(광명, 명조, 안목, 주시, 봄). 아로가도 아로게와 같은
뜻임. 마지(지혜). 로가(세간, 세계). 지가란제(초월한다), 혜혜(오!). 하
례(신의 이름, 실어 나른다).

아! 광명보살이시여, 광명의 지혜보살이시여, 세간을 초월하

신 보살이시여! 저 피안으로 우리를 실어 나르소서.

9. 마하 모지사다바 사마라사마라 하리나야

(mahabodhis attva samara samara hrdayam)

마하(크다). 모지 사다바(보리살타, 보살), 사마라(기억하다, 억념하다).
하리나야(마음의 진언, 심수)

큰 보살님이시여! 저희들이 마음의 진언을 억념하게 하소서.
억념하게 하소서.

10. 구로 구로 갈마 사다야 사다야

(kuru kuru karma sadhaya sadhaya)

구로(작위, 시행), 갈마(카르마, 업, 작용, 작업, 행업, 작법, 행위). 사다
야(성취한다).

진언을 염송하는 행위를 성취하게 하소서. 성취하게 하소서.

11. 도로 도로 미연제 마하 미연제

(dhuru dhuru uijayante maha urarante)

도로도로(승리하다). 미연제(승리한 님이시여, 모든 것을 이긴 사람).

승리하여 모든 것을 이긴자여! 크게 이긴자여!

진언을 염송하여 모든 것을 성취한자여! 크게 성취한자여!

12. 다라다라 다린 나례 새바라 자라 자라

(dhara dhara dharendre svara cara cara)

다라다라(수지, 보존, 임지). 다라(지닌다). 인드라(번개). 이슈바라(절대
자). 다라와 인드라와 이슈바라가 합해져서 다린 나례 새바라가 됨, 자
라(발동, 행동)

보호하고 지켜주소서, 번개를 지니신 절대자시여! 저희들을

지켜주소서.

13. 마라 미마라 아마라 몰제 예혜혜
(mala vimala vimala amala muktih ehiehi)

마라(진구, 때, 더러움, 오염). 미는 부정의 뜻. 미마라(더러움을 벗어
난). 아도 부정의 뜻. 아마라(더러움을 벗어난, 때를 없앤). 몰제(훌륭한
모습, 아름다운 모습). 예혜혜(강림하다, 오다).
더러움을 떠난 티없이 깨끗하고 원만한 보살이시여, 여기 내
려오소서. 내려오소서.

14. 료게새바라 라아 미사미 나사야
(lakasvara ragu visam vinasaya)

로계(세간, 세계). 새바라(주인). 라아(탐심). 미사(독). 미나사야(멸망,
소멸).
세계의 주인이시여, 탐욕의 독을 소멸케 하소서.

15. 나베사 미사미 나사야
(dvesa uisvui nasuya)

나베사(진심, 성내는 마음). 미사(독). 미나사야(소멸, 멸망)
성냄의 독을 소멸케 하소서.

16. 모하 자라 미사미 나사야
(maha cara uisvamui nasuya)

모하(우심, 어리석은 마음). 자라(동요, 어리석음에 의한 행동). 미사
(독). 미나사야(소멸)
어리석음의 독을 소멸케 하소서.

17. 호로 호로 마라 호로

(hulu hulu mala hulu)

호로(아!). 마라(님)

아! 보살님이시여, 아! 아!

18. 하례바나 마나바 사라사라 시리시리 소로소로 못자못자 모다야 모다야

(harebadma nadha sara sara sirisiri sru sru bod haya bodhaya baddaya)

하례, 바나마 혹은 파드마 혹은 반메, 빠드마(연꽃). 나바(마음, 중심, 배꼽, 중앙). 사라사라(물이 흐르는 모습). 시리시리(물이 흐르는 모습). 소로소로(물이 흐르는 모습). 못쟈는 붓다, 못다, 불타(붓다, 깨달음, 도), 모다야(원래는 보다야이며, 보리).

연꽃의 마음을 간직한 보살님이시여! 시냇물이 흐르듯이 그렇게 흘러, 큰 강물이 흐르듯이 그렇게 흘러, 작은 강물 흐르듯이 그렇게 흘러, 어서 빨리 깨닫게 하소서, 깨닫게 하소서.

19. 매다리야 니라간타 가마사 날사남 바라하리나야 마낙 사바하

(Maithreya nilakantha kamasya darsunam prahla daya manah svaha)

매다리야(마이트리야, 미륵, 자비로운, 인정이 깊은). 니라간타(청경관음). 가마사(욕망의, 원망의). 날사남(부수다, 파괴하다). 바라하라나야(악마왕 아들의 이름, 아버지인 악마를 따르지 않고 정법을 따른 자). 마낙(마음). 사바하(성취, 원만, 구경, 완성).

자비심이 깊으신 푸른 목을 가진 보살님이시여, 욕망을 부숴버린 바라하라나야의 마음의 원만성취에 자비광명이 충만하시기를.

20. 싯다야 사바하
(siddhaya sraha)
성취하신 분께 자비광명이 충만하시기를.

21. 마하 싯다야 사바하
(maha siddnaya svaha)
크게 성취하신 분께 자비광명이 충만하시기를.

22. 싯다유에 새바라야 사바하
(siddhayoge svaraya svaha)
요가를 성취하신 관자재보살님께 자비광명이 충만하시기를.

23. 니라간타야 사바하
(nilakantnthaya sraha)
청정관음보살님께 자비광명이 충만하시기를.

24. 바라하 목카 싱하 목카야 사바하
(varaha mukna simha mukheya svaha)
목카(얼굴). 싱하(사자)
산돼지 얼굴, 사자 얼굴을 한 관세음보살께 자비광명이 충만
하시기를.

25. 바나마 하따야 사바하

(pudma hastaya svaha)

하따야(잡다)

연꽃을 손에 잡으신 관세음보살께 자비광명이 충만하시기를.

26. 자가라 욕다야 사바하

(cakra yuktoya svaha)

자가라(크고 둥근 바퀴). 욕다야(지니다)

큰 바퀴를 지닌 관세음보살께 자비광명이 충만하시기를.

27. 상카 섭나네 모다나야 사바하

(snaka sadbane bodhaya savaha)

상카 섭나(법 소라 나팔 소리). 네모다나야(깨어나다)

법 소라 나팔 소리로 깨어난 관세음보살께 자비광명이 충만하시기를.

28. 마하라 구타다라야 사바하

(mahala kutudharaya savaha)

마하(크다). 라구타(곤봉, 금강저). 다라야(가지다).

위대한 금강저를 가진 관세음보살께 자비광명이 충만하시기를.

29. 바마사간타 이사시체다 가릿나 이나야 사바하

(vamasknda disasthita krsnajinaay a svaha)

바마(왼쪽). 사간타(어깨). 이사(곳, 장소). 시체다(굳게 지키다). 가릿나(흑색 신 승존, 인도 힌두 신화의 크리슈나를 가리킴). 이나야(승리자).

왼쪽 어깨쪽을 굳게 지키는 흑색의 승리자이신 관세음보살께 자비광명이 충만하시기를.

30. 먀가라잘마 니바사나야 사바하

(vyaghracarama nivasanaya svana)

먀가라(호랑이). 잘마(가죽). 이바사나야(머물다).
호랑이 가죽 위에 머물러 있는 관세음보살께 자비광명이 충
만하시기를.

31. 나모라 다나다라야야 나막알야 바로기제 새바라야 사바
하

(namara tanutraya namahaya ralokite sararaya s
vaha)

삼보께 귀의하여 받듭니다. 성스러운 관자재보살님께 귀의
합니다.

32. 옴 시다야두 만다라발타야 사바하

(Om sidhyantu mantrapedaya savaha)

아! 모두 이루어지라. 진언구(眞言句)를 위해 자비광명이 충
만하시기를. 옴.

신묘장구대다라니 해설

문구 해석에 대한 변천과 오류

앞 장에서 대다라니에 번호를 붙여 끊어 읽어야 될 부분을 표시해 놓았습니다. 이해하기 쉽게 번호에 따라 설명하겠습니다.

1. 대다라니에서 제일 먼저 나오는 구절이 **나모라 다나 다라 야야** 입니다. 우리가 독송하고 있는 다라니는 세상에 존재하지 않는 말입니다. 처음 다라니가 전해져 왔을 때는 산스크리트 원어로 발음했습니다. 원어를 아는 사람이 설명 할 때는 똑같이 원어대로 했습니다.

예를 들어 영어발음 하듯 I LOVE YOU 할 때 처음에는 띄어 읽었지만 영어를 전혀 모르는 사람이 우리말로 '아이 러브 유'만 하다 보니 제대로 띄어서 읽을 수가 없습니다. 전해지는 사람마다 다양하게 띄어서 읽게 됩니다.

신묘장구대다라니는 이런 형태로 전해져 온 것입니다. 그러니까 산스크리트 원어도 아니면서 이상한 독송용 다라니가 되었지만 뜻은 제대로 이해를 해야 됩니다. 단지 그 음은 띄어 읽는 자체로써 산스크리트의 뜻도 아니고 발음도 안 되는 것입니다. 고려 때부터 시작하여 다라니를 읽었다면 천년이 넘었습니다. 이렇게 전해지다 보니 편해져서 그대로 정형화 된 것입니다. 뜻을 전혀 모르는 상태에서 독송되어 지금의 다라니가 된 것입니다. 산스크리트

의 뜻을 알고 독송하면서 전해졌다면 이런 형태의 다라니
는 없겠지요. 정확하게 떼어 읽도록 문맥이 맞았을 것입니
다. 그런데 산스크리트어를 전혀 모르는 상태에서 글자의
음만 사람들에게 전해져 왔기 때문에 이런 형태의 다라니
가 되어버린 것입니다.

간단한 한 줄이라도 백년이 흘렀다고 생각해 보세요. 어
떤 사람은 '아이 러브유 I LOVEYOU', 또 어떤 사람은 '아
이러 브유 ILO VEYOU' 라고 할 수 있는 것처럼 다양하
게 달라졌을 것입니다. '아버지가 방에 들어 가신다'가 '아
버지 가방에 들어 가신다.' 라고 하면 뜻이 완전히 달라집
니다.

처음 전래되었을 때를 생각하면서 다라니를 보면 됩니
다. 나모라 다나다라 야야 에서 첫줄에 나모는 우리가 잘
아는 '귀의하여 받든다'라는 뜻입니다. 나무아미타불 관세
음보살 할 때 나무는 '귀의하다'의 뜻으로 아미타부처님께
귀의합니다라는 뜻과 같이 나모는 나무와 같은 뜻입니다.
그러므로 나모는 '귀의하여 받든다'는 뜻입니다. 나무를 이
렇게 번역 합니다. 나모가 한 단어이고 라다나가 붙어서
그 뜻은 보배입니다. 그래서 나모라 다나 라고 하면 말이
안 됩니다.

다라니에는 수 십명의 신들을 찬탄합니다. 신들이 들으

면 얼마나 황당하겠습니까? 나를 부르는 것인지 누구를 부르는 것인지 무슨 기도를 하는 것인지 다 알아 듣는 신이라 해도 자기 이름이 아닌 다른 이름을 부르는데 소원을 들어 주겠습니까?

라다나 는 보배이며, 다라야는 삼이라는 뜻이며, 야는 ~에게 라는 뜻입니다. 나모라 다나다라 야야 하는 것은 3개의 보배에 귀의하여 받든다는 뜻입니다. 우리 식으로 하면 '귀의삼보하옵니다'가 됩니다. 다라니를 독송할 때 '귀의삼보하옵니다'하면서 시작하는 것입니다. 그 다음 다라니가 어떻게 구성되어 있는 가를 알고 나면 다라니를 독송할 때 이해하기가 수월해집니다.

아바로키테스와라 Avalokiteśvara

2. **나막알약 바로기제 새바라야**에서 나막, 나모는 앞에서 나모로 읽혔다가 그 다음 줄에는 나막으로 읽힙니다. 이것은 다라니가 입으로 전해진 결과입니다. 나막은 나모와 같은 뜻이고 알약 바로기재 새바라야는 붙여서 한 단어입니다.

나모에서 띄우고 '알약 바로기제 새바라야' 여기까지 붙혀서 한 단어입니다. 알약 바로기제 새바라야 라는 것을 정확하게 발음해 보세요. '아바로키테 스와라야'라는 관세음보살 혹은 성관음 이라는 뜻입니다. 이 단어는 나막알약 바로기제 새바라야로 읽고 산스크리트어 그대로 읽은 것입니다. 알약은 성서러운이며 바로기재 새바라는 관세음, 관자재였습니다. 야는 ~에게라는 위격조사입니다. 그러니까 나막알약 바로기제 새바라야의 뜻은 '성서러운 관자재보살님께 귀의 합니다'입니다. 가능하면 문장 별로 끊어서 독송 하면 그래도 무슨 말인지 신들이 알아듣겠지요 나를 찬탄하고 소원을 빌고 있구나 하면서 신이 알아 듣는다는 것입니다.

3. **모지사다바야 마하 사다바야 마하가로 니가야** 에서 모지는 보리라는 뜻으로 깨달음을 이루는 것입니다. 보리심을 발한다 할 때 보리가 모지로 되어 있습니다. 사다바는 보살마하살, 살타, 금강살타 할 때 살타를 사다바로 읽었습니다. 모지사다바야에서 야는 위격조사였습니다. 보리살타에게 라는 뜻이 됩니다.

'마하반야바라밀다심경 관자재보살' 하며 독송할 때 마하는 번역하지 않고 그냥 마하라고 읽는데 크다는 뜻입니다. 가로니가는 자비라는 뜻입니다. 관세음보살은 곧 자비의 보살입니다. 이 세상의 모든 고통과 괴로움을 받아주는 자애로운 보살입니다. 자비라 할 때 비悲가 바로 가로니가 입니다. 다시 말해서 성스러운 관자재보살님께 귀의하는 것입니다.

그 다음 보리살타는 보살입니다. 보살이시여, 큰 보살이시여, 큰 자비의 보살이시여! 이것이 관자재보살에 대한 설명입니다. 관자재보살을 찬탄하고 성스러운 관자재보살님께 귀의하는 것입니다. 보살이시여! 큰 보살님이시여! 큰 자비의보살님이시여! 이렇게 찬탄을 합니다.

문장의 뜻대로 해석한다면 앞의 문장과 연결되어서 '보살님께 귀의합니다. 큰 보살님께 귀의합니다. 자비의 보살님께 귀의합니다.'가 됩니다.

4. 그 다음 문장이 **옴살바 바예수 다라나 가라야** 입니다. 옴은 주문을 외울 때 가장 많이 나오는 말입니다.

아버지, 어머니 할 때 이 세상에 생명을 탄생시키는 신인 브라흐마가 바로 어머니입니다. 아버지는 유지의 신 비슈누입니다. 신으로 따지면 아버지 할 때 아와 어머니 할 때 어의 시작이 바로 옴으로 시작되는 것입니다.

이 옴이 세상의 만물을 탄생시키기도 하고 길러 내기도 하는 우주 자체를 의미하는 소리입니다. 옴은 한문과 같은 뜻 글자로 표현하던지 우리 말처럼 소리글자를 쓰던 어떤 것을 사용해도 옴자는 우주의 핵심, 본질을 나타냅니다. 옴으로 표현할 수 있는 가장 중요한 것은 감탄사 밖에 없습니다. 우주의 생명의 본질을 뜻하는 소리가 '아~' 하는 소리입니다. '아~'라고 쓰도 되지만 옴이라고 쓰도 됩니다.

생명의 구조는 같습니다. 동, 서양이 틀리지 않습니다. 언어도 그 지역의 생활과 문화와 더불어 만들어지지만 언어를 발생시키는 것은 인간의 구조입니다.

살바는 일체, 모두를 뜻하는 것입니다. 바예수는 두려움을, 다라나는 구제, 구도를, 가라는 행위한다, 야는 위격조사로 ~에서를 뜻합니다. 그러니까 옴은 우주 핵심으로 일체 두려움에서 구제 행위를 하는 것으로 우리를 구해준다는 뜻입니다. 그러므로 옴살바 바예수 다라나 가라야 의 뜻은 '아~ 일체의 두려움에서 우리를 구제해 주시니' 관자재보살이 일체의 두려움에서 우리를 구제해 주신다는 것입니다. 여운을 길게 하기 위해서 옴을 뒤에 한 번 더 넣어도 좋습니다.

5. 다사명 나막 가리다바 이맘알야 바로기제 새바라 다바에서 다사명은 그런 까닭에, 나막은 나모로 귀의하여 받든다이며, 가리다바는 어진분, 이맘은 지칭어이며, 알약은 성스러운이며, 바로기제 새바라야는 관자재보살이며, 다바는 찬탄하다의 뜻입니다. 그러므로 다사명 나막 가리다바 이맘알약 바로기재 새바라 다바는 '그런 까닭에 어질고 성스러운 관자재보살님께 귀의하며 또한 찬탄한다'가 됩니

다. 앞 문장과 연결하여 보면 '아~ 일체의 두려움에서 우리를 구제해 주시니 그러한 이유로 귀의하여 받듭니다. 어질고 성스럽고 관자재보살께 귀의하며 찬탄합니다.'가 됩니다.

신은 찬탄으로 표현됩니다. 여기서 찬탄의 의미보다 귀의한다는 의미를 강조하여 해석하면 힌두교보다는 불교화된 다라니가 되는 것입니다.

푸른 목을 가진 관자재보살

6. **니라간타 나막 하리나야 마발다 이사미**에서 니라칸타의 니라는 '푸른'이라는 뜻이며, 간타는 '목'으로 푸른 목이라는 뜻입니다. 이사미는 '~라 이름 하는' 뜻이며, 나막 하리나야는 '마음, 진언'이며, 마발다 이사미는 '염송하다, 반복하다'로 푸른 목을 가진 보살의 마음을 가슴에 새기겠다는 뜻입니다. 푸른 목 니라간타라는 것은 푸른 목을 가진 관자재보살을 가르킵니다. 니라간타는 관자재보살인데 푸른 목을 가진 관자재보살을 말합니다. 푸른 목을 가진 관자재보살의 마음을 다시 한 번 가슴에 새기겠습니다라는 뜻입니다.

목이 푸른 이유는 세상의 모든 생명을 해치는 독룡이 있었습니다. 독룡은 어느 누구도 당해낼 수가 없었습니다.

독룡에 의해 많은 생명이 죽었는데 관자재보살이 세상을 구하기 위해 용감하게 독룡의 독을 삼켰습니다.

여기서 독은 우리가 가지고 있는 탐진치를 말합니다. 본래 세상을 부패하게 하고 혼란스럽게 하고 우리를 지옥에 떨어지게 하는 탐貪, 진瞋, 치痴가 독룡의 독입니다. 독을 삼킨 것은 이 세상을 부처의 나라로, 극락으로 만든다는 것입니다. 독룡의 독을 삼켰는데 너무 독해서 못 삼키고 목에 걸려 푸른 목을 가진 관자재보살님이 되었습니다. 세상의 모든 독을 삼키고 자유와 평화와 행복이 가득한 불국토 극락으로 만드는 보살이 푸른 목을 가진 보살입니다.

푸른 목은 상징적으로 표현한 것으로 이 세상의 모든 악한 마음을 다 삼켜버리고 정토의 나라로 만들려는 보살이 관자재보살입니다. 상징적이고 또 그 뜻을 강하게 하기 위해서 푸른 목으로 시각화 시킨 것입니다. 목이 푸르니까 그림만 보아도 알 수 있습니다. 푸른 목을 가진 보살의 마음을 가슴에 새기는 것은 결국 내가 보살이 되어 보살의 정신을 받들어 세상을 구하겠다는 의미입니다.

7. 살발타 사다남 수반 아예염 살바 보다남 바바말아 미수다감 다냐타에서 살바는 일체의 뜻이며, 르타는 목적, 이익를 나타내는 말로 이것을 살발타로 읽습니다. 사다남은 완성, 성취의 뜻이며, 수반은 훌륭함이며, 아예염을 산

스크리트로 보면 '아'는 부정하는 뜻이며, 예염은 이기다는 뜻이지만, '아'가 있어 이길 수 없다는 불가승이 됩니다. 보다남은 존재이며, 바바말아는 탄생하다, 존재하다, 있다. 삶의 길이라는 뜻이며, 미수다감은 정화시키다, 청정함을 나타내며, 다냐타는 그것은 다음과 같다라는 뜻입니다.

살발타 사다남 수반 아예염 살바 보다남 바바말아 미수다감 다냐타 를 해석하면 '모든 목적을 성취하신 최상의 훌륭한 존재이시여! 모든 존재의 삶의 길을 청정하게 하시는 그런 삶을 살겠습니다.'가 됩니다.

이 세상을 불국토, 정토 극락으로 만들기 위해서 세상의 모든 악한 독을 삼켜 버린 것입니다. 모든 뜻을 이루신 훌륭한 존재이시며, 모든 삶의 길을 청정하게 하시는 보살님이시여, 나도 푸른 목의 보살님과 같이 그런 삶을 살겠습니다. 내 원도 푸른 목 보살님을 닮는 것입니다.

8. **옴 아로계 아로가 마지로가 지가란제 혜혜 하례**에서 옴은 앞에서 "아" 라는 우주의 본질을 나타내는 소리라고 했습니다. 아로계는 광명, 명조, 안목, 주시, 봄의 뜻이며, 아로가도 아로계와 같은 광명, 명조, 안목이라는 뜻이며, 마지는 지혜이며, 로가는 우리가 살고 있는 세계를 나타내며, 지가란제는 초월하다는 뜻이며, 혜혜는 감탄사 "오" 라는 뜻입니다. 하례는 실어 나르다는 뜻도 되고 신의 이름

이기도 합니다. 신의 이름은 다양하지만 의미는 같습니다.

탐진치를 여의고 깨달음을 성취하기를

이 우주의 창조주인 브라흐만은 상황에 따라 여러 가지 이름으로 불립니다. 마찬가지로 창조, 유지, 파괴, 세 가지를 상징 하는 브라흐마, 비슈누, 시바의 이름도 다양하게 표현됩니다. 부처님의 명호도 열 개나 됩니다. 그 많은 이름 중에서 하례도 신의 이름입니다. 하라는 파괴의 신이며 하리는 비슈누 신으로, 하리와 하라 중에 하나가 하례가 됩니다.

뜻을 보면 비슈누 신인 하리가 구세주로 하례가 됩니다. 해석해 보면 '아~ 광명보살이시여, 광명의 지혜보살이시여, 세간을 초월하신 보살이시여, 저 피안의 세계로 우리를 실어 나르소서.'가 됩니다.

9. **마하모지 사다바 사마라 사마라 하리나야**에서 마하는 크다, 모지는 보리, 보리살타, 보살로 바로 보살을 말합니다. 삼마라는 기억하다, 하리나야는 마음의 진언입니다. 앞부분과 연결하면 '아 광명보살이시여, 광명의 지혜 보살이시여, 세간을 초월하신 보살이시여, 저 피안으로 우리를 실어 나르소서, 큰 보살님이시여, 저희들이 마음의 진언을 억념하게 하소서. 깨달음에 이르는 이 마음의 진언을 우리

가 가슴에 새기게 하소서. 새기게 하소서.'가 됩니다.

억념은 기억 하는데 그냥 기억 하는 것이 아니라 강하게 기억한다는 뜻으로 전생의 일도 모두 기억 하게 하는 뜻도 포함된 것입니다. 전생을 기억 한다면 우리는 바르게 살지 않고는 못 견디겠지요.

10. **구로구로 갈마 사다야 사다야**에서 구로는 행위, 시행이라는 뜻이고, 갈마는 작업, 작용, 행업이며, 사다야는 성취한다는 뜻이며, 갈마는 업, 작용, 작법, 행위의 뜻인 카르마가 갈마가 된 것입니다. 그러므로 구로구로 갈마 사다야 사다야 하는 것은 '진언을 염송하는 행위를 성취하게 하소서. 성취하게 하소서(마음의 진언을 기억하여). 진언을 염송하는 행위를 성취하게 하소서. 성취하게 하소서.'하는 뜻이 됩니다.

앞에서 마음의 진언을 기억 하라고 했습니다. 진언을 염송하는 행위를 성취하니까 바로 내가 이 세상의 모든 중생을 구제하고, 이 세상의 모든 악을 내가 모두 소멸하게 하고, 내가 그런 성취를 이루게 하소서. 내가 보살이 되어 큰 원력을 세워서 그 원력을 성취하게 하소서. 하는 뜻이 됩니다.

11. **도로도로 미연제 마하미연제**에서 도로도로는 승리하다, 이기다이며, 미연제는 승리한 님으로 모든 것을 이긴

사람이 바로 미연제 입니다. 승리하여 모든 것을 크게 이긴자라는 뜻입니다.

다시 해석하면 '진언을 염송하여 모든 것을 크게 성취한 자여 크게 성취한 자여!'가 됩니다.

12. **다라다라 다린 나례 새바라 자라자라**에서 다라다라는 보존하다, 다라는 지닌다, 인드라는 신의 이름으로 번개라는 뜻입니다. 이슈바라는 절대자인 다라와 인드라에서 다라는 신의 이름이라는 뜻이 있습니다. 그래서 다라와 인드라와 이슈바라 모두가 합해져 다린나례 새바라가 됩니다. 그 다음 자라는 발동, 행동, 다라다라 다린나례 새바라의 뜻은 '보호하고 지켜주소서. 번개를 지닌 절대자여! 저희들을 지켜주소서.'가 됩니다. 내가 원하는 순간 바로 성취되고 이루어 진다는 것이 바로 번개입니다. 생각하는 순간 그 일이 바로 이루어집니다. 그런 신이 바로 인드라 입니다.

13. **마라 미마라 아마라 몰제예 혜혜**에서 마라는 때, 더러움, 미는 부정의 뜻이므로 미마라와 아마라는 더러움을 벗어난, 몰제는 훌륭한 모습, 아름다운 모습, 예혜혜는 강림하다입니다. 미마라는 더러움을 벗어나고, 아마라는 더러움이 없는, 몰제는 아름답고 훌륭한 모습으로, 예혜혜는 내려오소서입니다. 붙여서 해석하면 '더러움이 없고 티없

이 깨끗한 원만한 보살이시여! 우리가 살고 있는 사바세계인 이땅에 내려오소서.'가 됩니다.

14. **로계 새바라 라아 미사미 나사야**에서 로계는 세계, 새바라는 주인, 라는 탐심, 미사는 독, 미나사야는 멸망으로 그 뜻은 '세상의 주인이시여, 탐욕의 독을 소멸하게 하소서, 세계의 주인(바로 우리를 뜻함)이시여, 탐욕의 독을 소멸하게 하소서.'가 됩니다.

15. **나베 사미사미 나사야**에서 나베사는 진심, 성내는 마음, 미사는 독이란 뜻으로 '소멸하게 하소서, 성냄의 독을 소멸하게 하소서!'가 됩니다.

16. **모하자라 미사미 나사야**에서 모하는 어리석음, 또는 어리석은 마음이며, 자라는 의태어로 어리석음에 의한 행동을 나타냅니다. 그러므로 뜻을 해석해보면 '어리석음의 독을 소멸하게 하소서, 탐욕의 독을 소멸하게 하고, 성냄의 독을 소멸하게 하고, 탐심, 진심, 치심을 소멸하게 하소서.'가 됩니다.

17. **호로호로 마라호로**에서 호로는 감탄사 아!이며, 마라는 님입니다. 그러므로 '아! 보살님이시여, 아아! 찬탄하며 그 마음을 되새깁니다.'가 됩니다.

18. 그 다음에는 **하례 바나마 나바 사라사라 시리시리 소로소로 못쟈못쟈 모다야 모다야** 가 나옵니다. 하례는 신의

이름으로, 실어나르다라는 뜻이 있으며, 바나마, 파드마는 모두 반매로 연꽃이란 뜻입니다. 나바는 마음, 중심, 배꼽, 중앙을 의미합니다. 여기서 바나마는 파드마라는 말이 변형된 것입니다. 그래서 하례 바나마 나바는 연꽃의 마음을 간직한 보살님이시여 라는 뜻으로 해석됩니다. 사라사라는 물이 흐르는 모습을 나타낸 것이고, 시리시리도 물이 흐르는 모습을 나타낸 것입니다. 소로소로 또한 물이 흐르는 모습입니다. 못쟈는 못다, 불타로 부처님을 의미하고, 모다야는 보다야로 보리를 뜻합니다.

인도라는 나라에 대해서 다시 한번 생각해봅시다. 세계의 지붕이라 일컬어지는 히말라야산을 끼고 있습니다. 그리고 인도인의 삶에는 태어날 때부터 죽을 때까지 갠지스 강이 함께 합니다. 그래서 사라사라, 시리시리, 소로소로는 물이 흐르는 모양을 뜻하는 이 부분에서 인도인들과 갠지스 강의 관계를 느껴볼 수 있습니다. 사라사라는 시냇물이 졸졸 흘러가는 느낌이고 시리시리는 큰 강물이 흘러가는 모습입니다. 소로소로는 중간 정도의 물이 흘러가는 모습입니다.

갠지스 강과 인도인의 삶을 떠올리며 해석해보면 뜻이 더욱 깊어질 것입니다. 연꽃의 마음을 간직한 보살님이시여, 시냇물이 흐르듯이 그렇게 흘러 큰 강물이 흐르듯이 그렇게 흘러 작은 강물이 흐르듯이 그렇게 흘러 어서 빨리 깨닫게 하소서 깨닫게 하소서.

다른 사람들의 해석을 보면 사라사라부터 소로소로까지 이 부분의 해석이 소홀했습니다. 저도 이 부분을 번역하면서 많은 고민을 했습니다. 그래서 갠지스강과 인도인의 삶을 떠올리면서 해석을 하였습니다.

신들을 청함

19. 그 다음을 보면 **매다리야 니라간타 가마사 날사남 바라 하리나야 마낙 사바하**가 나옵니다. 매다리야는 마이트리야, 미트리야로 미륵을 나타냅니다. 직역을 하면 '자비로운, 인정이 깊은' 정도가 되겠습니다. 미륵보살은 바로 석가모니 부처님 다음 이 세상을 다스릴 부처님입니다.

니라간타는 앞에서 나왔듯이 청경관음입니다. 청경관음은 푸른 목을 가진 관음보살로 이 세상의 탐진치 삼독을 온 몸으로 다 감수하는 보살입니다. 가마사는 원망의, 욕망의 뜻입니다. 날사남은 부수다, 파괴하다는 뜻입니다. 바라 하라나야는 마하바라하라나야로 악마왕의 아들 이름입니다. 이 신은 마왕의 아들임에도 불구하고 악마의 법을 따르지 않고 정법(正法)을 따른 신입니다. 마나는 마음이고, 사바하는 성취, 원만, 완성의 뜻으로 그 일이 꼭 이루어지게 해달라는 간절한 마음입니다.

이 부분을 해석해보면 '자비심이 깊으신 푸른 목을 가진 보살님이시여! 욕망을 부수어린 바라하라나야의 마음의 원만성취에 자비광명이 충만하시기를' 이렇게 됩니다. 이 사바하를 부처님의 깨달음의 성취로 나오는 자비광명과 연관지어 자비광명이 충만하기를 로 해석했습니다.

앞에서 관세음보살의 10가지 이름에 대해서 배웠습니다. 다음 부분에서는 밀교화 된 관세음보살의 다른 이름들이 나옵니다. 그래서 다른 이름들과 연관되어 사바하가 나옵니다.

20. **싯다야 사바하**에서 싯다야는 성취한이란 뜻입니다. 성취한 분께 자비광명이 충만하시기를 이렇게 해석할 수 있겠습니다.

21. **마하싯다야 사바하**에서 마하는 앞에서도 나왔듯이 큰이란 뜻입니다. 그러므로 크게 성취하신 분께 자비광명이 충만하시기를 이렇게 되겠습니다.

22. **싯다 유예 새바라야 사바하**에서 싯다유예 세바라야는 요가를 성취하신 관자재보살님이란 뜻입니다. 그러므로 요가를 성취하신 관자재보살님께 자비광명이 충만하시기를 이렇게 됩니다.

23. **니라간타야 사바하**에서 니라간타는 청경관음이었습

니다. 청경관음보살님께 자비광명이 충만하시기를 이렇게 됩니다.

24. **바라하 목카 싱하 목카야 사바하**에서 바라하는 산돼지, 모카는 얼굴, 싱하는 사자입니다. 산돼지와 사자 얼굴을 한 관세음보살님께 자비광명이 충만하시기를 이 됩니다. 여기에 나오는 관세음보살과 기존의 인도신들과 구분하기 위한 흔적을 이름을 통해 알아볼 수 있습니다. 그래서 기존의 인도신들과 관세음보살의 다른 이름들이 중복되지 않습니다.

25. **바나마 하따야 사바하**에서 핫다야는 잡다는 의미입니다. 바나마는 파드마 즉 연꽃입니다. 그러니까 연꽃을 손에 잡으신 관세음보살님께 자비광명이 충만하기를 이렇게 됩니다.

26. **자가라 욕다야 사바하**에서 자가라는 크고 둥근 바퀴입니다. 욕다야는 지니다는 뜻입니다. 큰 바퀴를 지닌 관세음보살님께 자비광명이 충만하시기를 이 됩니다.

27. **상카 섭나네 모다나야 사바하**에서 상카섭나는 상카섭나네, 상카슴나로 쓰는데 이것은 법 소라, 나팔 소리 라는 뜻입니다. 네모다나야는 깨어나다는 뜻입니다. 법 소라 나팔 소리로 깨어난 관세음보살님께 자비광명이 충만하시기를 이 됩니다.

28. **마하라 구타다라야 사바하**에서 마하는 크다는 뜻입니다. 마하라의 라는 뒤의 단어에 붙습니다. 라구타는 곤봉, 금강절이란 뜻입니다. 다라야는 가지다는 뜻입니다. 크고 위대한 금강절을 가진 관세음보살님께 자비광명이 충만하시기를 이 됩니다.

29. **바마사간타 니사 시체다 가릿나이나야 사바하**에서 바마는 왼쪽, 사간타는 어깨입니다. 이사는 곳, 장소입니다. 싯체다는 굳게 지키다, 가린나는 흑색신 성종, 인도 힌두신화에 나오는 크리슈나를 가리킵니다.

왼쪽 어깨쪽을 굳게 지키시는 흑색의 승리자이신 관세음보살님께 자비광명이 충만하시기를 이 됩니다. 이와 같이 관세음보살의 다른 명호들이 계속 나오고 있습니다.

30. **먀가라 잘마 이바 사나야 사바하**에서 먀가라는 호랑이를 뜻하며 잘마는 가죽입니다. 니바사나야는 머물다는 뜻입니다. 호랑이 가죽 위에 머물러 있는 관세음보살님께 자비광명이 충만하시기를 이 됩니다.

31. **나모라 다나다라 야야 나막알야 바로기제 새바라야 사바하** 이 문장은 앞에서도 나왔습니다. 삼보께 귀의하여 받듭니다. 성스러운 관자재보살님께 귀의합니다. 가 되겠습니다.

다시 한 번 18번부터 이어서 해석해보겠습니다. 연꽃의 마음을 지니신 보살님이시여! 시냇물이 흐르듯이 그렇게 흘러 큰 강물이 흐르듯이 그렇게 흘러 작은 강물이 흐르듯이 그렇게 흘러 어서 빨리 깨닫게 하소서 깨닫게 하소서, 자비심이 깊은 푸른 목을 가진 보살님이시여, 욕망을 부숴버린 바라하라나야의 마음의 원만성취에 자비광명이 충만하기를, 성취하신 분께 자비광명이 충만하기를, 크게 성취하신 분께 자비광명이 충만하기를, 요가를 성취하신 관자재보살님께 자비광명이 충만하시기를, 청경관음님께 자비광명이 충만하기를, 산돼지 얼굴, 사자 얼굴을 한 관세음보살님께 자비광명이 충만하기를, 연꽃을 잡으신 관세음보살님께 자비광명이 충만하시기를, 큰 바퀴를 지니신 관세음보살님께 자비광명이 충만하시기를, 법 소라 나팔소리로 깨어난 관세음보살님께 자비광명이 충만하기를, 위대한 금강절을 가진 관세음보살님께 자비광명이 충만하시기를, 왼쪽 어깨 쪽을 굳게 지키는 흑색의 승리자이신 관세음보살님께 자비광명이 충만하시기를, 호랑이 가죽 위에 머물러 있는 관세음보살님께 자비광명이 충만하시기를, 삼보께 귀의하여 받듭니다. 성스러운 관자재보살님께 귀의합니다. 이렇게 해서 신묘장구대다라니가 끝납니다.

다른 해석들을 보면 사바하를 신께 영광이 있기를, 성취가 있기를 로 해석을 했습니다. 기존에 있던 해석에서는 힌두교의 신적인 느낌에 더 가깝게 느껴집니다. 그래서 고심한 끝에 자비광명이 충만하시기를 로 해석했습니다. 하지만 이 말도 너무 길어서 불만족스럽지만 앞으로 더 나은 해석이 있을 것으로 믿고 마무리 하겠습니다.

| 8 |

찬탄과 참회

[사방찬四方讚]
일쇄동방결도량 이쇄남방득청량
一灑東方潔道場 二灑南方得淸場

한 일一, 씻을 쇄灑, 동녘 동東, 모 방方, 깨끗할 결潔, 길 도道, 마당 장場, 두 이二, 씻을 쇄灑, 남녘 남南, 모 방方, 얻을 득得, 맑을 청淸, 마당 장場
첫째 동쪽 씻으니 도량이 깨끗하고, 둘째 남쪽 씻으니 도량이 맑아지고.

[사방을 찬탄합니다]
첫째동방 물뿌리니 온도량이 깨끗하고
둘째남방 물뿌리니 온천지가 맑아지고

그 다음을 보면 이 우주를 찬탄하는 부분이 나옵니다. 일쇄동방결도량 이쇄남방득청량의 뜻은 첫째 동방을 씻으니 도량이 깨끗하고 둘째 남방 씻으니 도량이 맑아지고입니다.

해가 동쪽에서 떠 오르듯이 시작은 동쪽에서 부터입니다. 동쪽에 물을 뿌려 깨끗하게 한다는 것은 나의 입장에서는 탐심과 진심과 치심을 없애니까 깨끗하게 되는 것이며, 나아가 대상도 깨끗하게 되는 것입니다. 동쪽을 거쳐 남쪽으로 가서 물을 뿌려 온 천지를 시원하고 맑게 하는 것입니다.

해가 지나가는 흔적 따라, 순서 따라 물을 뿌려 청정하게 한다는 것은 나의 마음의 청정함에 따라 세상도 청정하게 되는 것입니다.

이것을 4-4구절로 해보면 첫째동방 물뿌리니 온도량이 깨끗하고 둘째남방 물뿌리니 온천지가 맑아지고. 해가 동쪽에서 뜨지 않습니까? 그래서 동쪽부터 시작하는 것입니다. 동쪽은 기운이 생하는 곳이고 서쪽은 기운이 소멸하는 곳입니다.

삼쇄서방구정토 사쇄북방영안강
三灑西方俱淨土 四灑北方永安康

석 삼三, 씻을 쇄灑, 서녘 서西, 모 방方, 갖출 구俱, 맑을 정淨, 흙 토土, 넉 사四, 씻을 쇄灑, 북녘 북北, 모 방方, 길 영永, 편안할 안安, 편안할 강康
셋째 서쪽 씻으니 정토가 이뤄지고, 넷째 북쪽 씻으니 편안함이 영원하네.

셋째서방 물뿌리니 극락세계 이뤄지고
넷째북방 물뿌리니 영겁토록 평안하네

삼쇄서방구정토 사쇄북방영안강의 뜻은 셋째 서쪽 씻으니 정토가 이루어지고 넷째 북쪽 씻으니 편안함이 영원하네가 됩니다.

동쪽에서 출발하여 남쪽을 거쳐 서쪽에 이르면 목적지인 서방정토 세계가 펼쳐지는 것입니다. 서쪽에 물 뿌리니 극락세계인 서방정토 세계가 이루어진다는 것입니다. 마지막으로 모든 것이 이루어진 상태인 편안함과 자유로움이 충만한 세계가 펼쳐지게 됩니다. 그래서 북쪽에 물을 뿌리니 나도 편안하며 대상도 편안하여 영원토록 편안한 세상이 이루어진다는 것입니다.

4-4구로 쓰면 셋째서방 물뿌리니 극락세계 이뤄지고 넷째북방 물뿌리니 영겁토록 편안하네가 됩니다. 온세상이 깨끗해지면 그 다음엔 신이 내려옵니다.

[도량찬道場讚]
도량청정무하예 삼보천룡강차지
道場淸淨無瑕穢 三寶天龍降此地

길 도道, 마당 장場, 맑을 청淸, 맑을 정淨, 없을 무無, 티 하瑕, 더러울 예穢, 석 삼三, 보배 보寶, 하늘 천天, 용 룡龍, 내릴 강降, 이 차此, 땅 지地
도량이 맑아 더러운 티끌 없으지니, 삼보와 천룡들이 이 땅에 내려오네.

[도량을 찬탄합니다]
이도량이 청정하여 티끌마져 없어지니
삼보천룡 모든성현 이도량에 내리시네

도량찬을 봅시다. 도량청정무하예 삼보천룡강차지는 도량이 맑아 더러운 티끌 없어지니 삼보와 천룡들이 이 땅에 내린다는 것입니다. 탐심과 진심과 치심이 모두 사라지니 나도 도량도 세상도 그대로 불국토가 되어 모든 성현과 불보살과 선신들이 내려와 찬탄하고 옹호하는 것입니다. 선한 마음으로 가득차 있을 때는 내가 어디에 있든 무엇을 하든 당당할 수 밖에 없으며, 선신이 보호하고 있어서 어떤 악함도 어찌 할 수 없습니다. 신비한 힘이 자신을 보호하고 있음을 느낄 수 있을 것입니다.

저도 불가능한 상황에서 몇 번이나 기적같은 일이 일어나 불가능한 상황을 잘 넘길 수 있게 된 경우를 경험하였습니다.

4-4구절로 해보면 이도량이 깨끗해져 티끌마저 없어지니 삼보천룡 모든성현 이도량에 내리시네. 가 되겠습니다. 우리를 보호하는 신중들이 가득 차 있다면 어떠한 탐진치도, 어려움도 신중들을 뚫고 들어오지 못한다는 것입니다.

아금지송묘진언 원사자비밀가호
我今持誦妙眞言 願賜慈悲密加護

나 아我, 이제 금今, 가질 지持, 욀 송誦, 묘할 묘妙, 참 진眞, 말씀 언言
원할 원願, 줄 사賜, 사랑 자慈, 비애 비悲, 빽빽할 밀密, 더할 가加, 지
킬 호護
내가 지금 묘한 진언 염송하면, 원하건대 자비로써 비밀히 지켜주소서.

내가이제 묘한진언 받아지녀 외우오니
이도량의 곳곳마다 자비마음 충만하네

아금지송묘진언 원사자비밀가호 내가 지금 묘한 진언
을 염송하면 원하건대 자비로써 비밀히 지켜주소서. 이렇
게 하고 참회를 하게 됩니다. 도량이 맑아지니까 자신이
수억 겁 동안 지어온 업들이 다 보이게 됩니다. 맑은 물이
흐르는 곳에는 물속까지 다 보이듯이 우리의 업들이 다 보
이니까 참회하지 않을 수가 없습니다.

우리는 중생심이 있는 한 아집에서 벗어날 수가 없습니
다. 자신을 한 번 냉정하게 돌아보십시오. 남을 위하여 봉
사하는 것 같지만 결국 자신을 위한 아애我愛일 뿐입니다.
근본적으로 우리는 아치我痴이기 때문에 아집我執과 아만
我慢과 아애인 것이 나입니다. 자신이 보이기 시작하니까
참회할 수 밖에 없는 것입니다. 참회만이 우리를 자비광명
으로 만드는 묘약임을 알게 됩니다.

[참회게懺悔偈]
아석소조제악업 개유무시탐진치
我昔所造諸惡業 皆由無始貪瞋痴

나 아我, 옛 석昔, 바 소所, 지을 조造, 모두 제諸, 악할 악惡, 일 업業
모두 개皆, 말미암을 유由, 없을 무無, 비로소 시始, 탐할 탐貪, 부릅뜰
진瞋, 어리석을 치痴
이제까지 지어온 모든 악업. 시작이 없는 탐진치로 말미암아 지었습니다.

[참회합니다]
탐욕심과 진에심과 치심으로 말미암아
한량없는 긴긴세월 제가지은 모든죄업

　그 다음 참회게가 나옵니다. 아석소조제악업 개유무시탐 진치. 이제까지 지어온 모든 악업은 시작이 없는 탐진치로 말미암아 이루어진 것입니다. 우리는 알고도 죄를 짓지만 모르고도 죄를 짓게 됩니다. 예를 들어 아침에 승용차로 출근하면서 지각하지 않기 위해서 직진해야 하는 상황에서 좌회전 차선인 1차선으로 차선을 위반하며 열심히 가다가 2차선으로 새치기를 합니다. 그런데 2차선에서 앞서 가던 차는 차선을 위반하여 자신 앞에 새치기하는 이 행위를 당했을 때 순간적으로 악한 마음을 일으키게 됩니다. 모르게 지은 이러한 죄업이 악한 마음을 일으킨 사람과 인과가 맞딱떨어지면 이유도 없이 교통사고 나서 죽을 수도 있습니다.

우리는 알게 모르게 한량없는 긴긴 세월 동안 죄를 지으면서 살아오고 있는 것입니다.

종신구의지소생 일체아금개참회
從身口意之所生 一切我今皆懺悔

쫓을 종從, 몸 신身, 입 구口, 뜻 의意, 갈 지之, 바 소所, 날 생生, 한 일一, 모두 체切, 나 아我, 이제 금今, 모두 개皆, 뉘우칠 참懺, 뉘우칠 회悔

몸과 입과 뜻으로 지었으니
제가 이제 모두 참회합니다

이내몸과 내입으로 내뜻으로 지었으니
제가이제 머리숙여 일심으로 참회합니다

종신구의지소생 일체아금개참회. 모든 죄는 몸과 입과 뜻으로 지었으니 제가 이제 모두 참회합니다.

참회는 집에서도 할 수 있는데 왜 먼 길을 와서 절에서 하겠습니까? 절은 다른 곳보다 맑은 기운이 강하기 때문에 그곳에 들어가면 좀 더 맑고 깨끗해집니다. 반대로 생각해보면 내가 맑고 깨끗하면 가는 곳마다 주위가 모두 깨끗해지는 것입니다. 그러니까 주위가 깨끗하면 내가 그 속에 들어가면 내가 깨끗해지고, 내가 깨끗하면 내가 가는 그 주위가 모두 깨끗해집니다.

내가 왜 이 한 생을 잘 살아야 하느냐? 하면 내가 잘하면 스스로 행복과 안녕을 누리지만 더불어 주위에 있는 사람들도 모두 다 행복해집니다.

4-4구절로 해보면 '이내몸과 내입으로 내뜻으로 지었으니 제가이제 머리숙여 일심참회 하옵니다'가 됩니다. 참회

가 되면 모든 것이 다 이루어집니다. 깨치지 못한 중생들은 절대로 자신이 잘못했다고 생각하지 않습니다. 아집 속에 둘러싸인 삶을 깨트리는 것은 참회에서부터 시작합니다. 참회를 하려면 내가 그것을 느끼고 알아야 합니다. 내가 살아온 삶을 되돌아보고 전생을 하나하나 되짚어보면 참회할 일 뿐입니다. 어떤 사소한 것도 죄업이 될 수 있습니다.

예를 들면 생각없이 낚시를 하며 살생을 한다든지, 운전을 하다가 생각없이 다른 차선에 끼어들어 다른 운전자들에게 불쾌감을 주고 원망하는 마음이 일어나게 하는 것들이 모두 죄업입니다. 아무리 사소한 일이라도 상대방에게서 원망하는 마음이 일어나게 되면 그것은 죄업이 됩니다.

[참제업장십이존불 懺除業障十二尊佛]

나무참제업장보승장불 보광왕화염조불 일체향화
자재력왕불 南無懺除業障寶勝藏佛 寶光王火炎照
佛 一切香火自在力王佛

뉘우칠 참懺, 덜 제除, 일 업業, 막힐 장障, 보배 보寶, 이길 승勝, 감출
장藏, 부처 불佛 보배 보寶, 빛 광光, 임금 왕王, 불 화火, 불꽃 염炎, 비
출 조照, 부처 불佛, 한 일一, 모두 체切, 향기 향香, 불 화火, 스스로 자
自, 있을 재在, 힘 력力, 임금 왕王, 부처 불佛

업장을 뉘우치며 가볍게 해줄 보승장불께 귀의합니다. 보광왕화염조불
께 귀의합니다. 일체향화자재력왕불께 귀의합니다.

[십이존불께 참회하니 업장녹여 주옵소서]

신세지고 잘못하여 지은죄업 뉘우치며
제가이제 보승불께 머리숙여 참회합니다

사치하고 낭비하며 지은죄업 뉘우치며
보광왕화렴조불께 머리숙여 참회합니다

평생동안 잘못하여 지은죄업 뉘우치며
일체향화자재력왕불께 머리숙여 참회합니다

　　어떤 문제가 생기면 전문가를 찾아가서 해결하듯이 참
회를 하려면 참제업장십이존불을 찾아갑니다. 이왕에 참
회할 것이면 제대로 해야 하는 것입니다.
　　참제업장십이존불은 참회를 하면 업장을 없애주는 열두
명의 부처님입니다. 열두 명의 부처님 앞에는 나무참제업

장이란 말이 붙습니다.

나무참제업장 보승장불, 보광왕화염조불, 일체향화자재력왕불에서 보승장불은 신세지고 잘못하여 지은 죄를 뉘우치게 하는 부처님입니다. 보광왕화렴조불은 사치하고 낭비하여 지은 죄를 뉘우치게 하는 부처님입니다. 일체향화자재력왕불은 평생동안 잘못을 뉘우치지 않는 사람을 뉘우치게 하는 부처님입니다.

어렸을 때는 일기를 자주 썼습니다. 그 일기를 쓰는 것도 참회의 일종이라고 할 수 있겠습니다.

백억항하사결정불 진위덕불 금강견강소복괴산불
百億恒河沙決定佛 振威德佛 金剛堅强消伏壞散佛

일백 백百, 억 억億, 항상 항恒, 물 하河, 모래 사沙, 결단할 결決, 정할 정定, 부처 불佛, 떨칠 진振, 위엄 위威, 큰 덕德, 부처 불佛, 쇠 금金, 굳셀 강剛, 굳을 견堅, 강철 강强, 사라질 소消, 엎드릴 복伏, 무너뜨릴 괴壞, 흩을 산散, 부처 불佛

업장을 뉘우치며 가볍게 해줄 백억항하사결정불께 귀의합니다. 진위덕불께 귀의합니다. 금강견강소복괴산불께 귀의합니다.

보광월전묘음존왕불 환희장마니보적불
普光月殿妙音尊王佛 歡喜藏摩尼寶積佛

넓을 보普, 빛 광光, 달 월月, 대궐 전殿, 묘할 묘妙, 소리 음音, 높을 존尊, 임금 왕王, 부처 불佛, 기쁠 환歡, 기쁠 희喜, 감출 장藏, 연마할 마摩, 여승 니尼보배 보寶, 쌓일 적積, 부처 불佛

업장을 뉘우치며 가볍게 해줄 보광월전묘음존왕불께 귀의합니다. 환희장마니보적불께 귀의합니다.

다른생명 살생하여 지은죄업 뉘우치며
백억항하사결정불께 머리숙여 참회합니다

사음하고 악담하며 지은죄업 뉘우치며
제가이제 진위덕불께 머리숙여 참회합니다

지옥으로 떨어지는 죄업들을 뉘우치며
금강견강소복괴산불께 머리숙여 참회합니다

설법듣는 공덕들을 방해한죄 뉘우치며
보광월전묘음존왕불께 머리숙여 참회합니다

평생동안 화를내며 지은죄업 뉘우치며
환희장마니보적불께 머리숙여 참회합니다

다음 나오는 부처님이 백억항하사결정불인데 이 부처님은 다른 생명을 살상하여 지은 죄를 뉘우치게 합니다. 그 다음 진위덕불은 사음하고 악담한 죄를 뉘우치게 하는 부처님입니다.

금강견강소복괴산불은 지옥으로 떨어지는 죄업을 뉘우치게 하는 부처님입니다. 근본 5계를 어기고 지옥으로 떨어지는 중생들을 보살펴주는 부처님입니다.

보광월전묘음존왕불은 다른 사람의 수행이나 공부를 방해하여 바른 길로 들어가지 못하게 한 죄를 뉘우치게 하는 부처님입니다.

환희장마니보적불은 평생 동안 화를 내며 지은 죄를 뉘우치게 하는 부처님입니다. 탐진치 가운데 화내는 마음인 진심을 다스리는 부처님입니다.

무진향승왕불 사자월불 환희장엄주왕불 제보당마
니승광불 無盡香勝王佛 獅子月佛 歡喜莊嚴珠王佛
帝寶幢摩尼勝光佛

없을 무無, 다할 진盡, 향기 향香, 이길 승勝, 임금 왕王, 부처 불佛, 사
자 사獅, 아들 자子, 달 월月, 부처 불佛, 기쁠 환歡, 기쁠 희喜, 씩씩할
장莊, 엄할 엄嚴, 구슬 주珠, 임금 왕王, 부처 불佛, 임금 제帝, 보배 보
寶, 기 당幢, 연마할 마摩, 여승 니尼, 이길 승勝, 빛 광光, 부처 불佛
업장을 뉘우치며 가볍게 해줄 무진향승왕불께 귀의합니다. 사자월불께
귀의합니다. 환희장엄주왕불께 귀의합니다. 제보당마니승광불께 귀의
합니다.

한량없는 세월동안 받을고통 소멸위해
무진향승왕불께 머리숙여 참회합니다

축생의몸 받을과보 모든죄업 소멸위해
제가이제 사자월불께 머리숙여 참회합니다

도둑질로 받을과보 모든죄업 소멸위해
환희장엄주왕불께 머리숙여 참회합니다

탐심으로 욕망으로 지은죄업 소멸위해
제보당마니승광불께 머리숙여 참회합니다

　무진향승왕불은 우리가 수많은 생을 살아오면서 지은
죄를 감해주고 뉘우치게 해주는 부처님입니다.
　사자월불은 다음 생에 축생으로 태어나게 할 죄업을 감
해주고 뉘우치게 해주는 부처님입니다.
　환희장엄주왕불은 도둑질한 죄업을 다스리고 뉘우치게

하는 부처님입니다.

　제보당마니승광불은 탐심과 욕망으로 지은 죄를 다스리고 뉘우치게 하는 부처님입니다.

　부처님의 명호만 부르면 너무 막연합니다. 서울 가서 김서방 찾는 경우와 같습니다. 우리가 지은 죄업을 명확하게 알 수도 없고, 이 부처님들이 어떤 역할을 하는지도 또 어떤 부처님께 귀의해야 하는지도 알 수 없습니다. 그래서 부처님의 명호 앞에 한 구절을 더 넣어 이해하기 쉽게 해석했습니다.

　참제업장십이존불을 처음부터 끝가지 읽어보겠습니다. 신세지고 잘못하여 지은죄업 뉘우치며 제가이제 보승불께 머리숙여 참회합니다. 사치하고 낭비하며 지은죄업 뉘우치며 제가이제 보광왕화렴조불께 머리숙여 참회합니다. 평생동안 잘못하여 지은죄업 뉘우치며 제가이제 일체향화자재력왕불께 머리숙여 참회합니다. 다른생명 살생하여 지은죄업 뉘우치며 제가이제 백억항하사결정불께 머리숙여 참회합니다. 사음하고 악담하며 지은죄업 뉘우치며 제가이제 진위덕불께 머리숙여 참회합니다. 지옥으로 떨어지는 죄업들을 뉘우치며 제가이제 금강견강소복괴산불께 머리숙여 참회합니다. 설법듣는 공덕들을 방해한죄 뉘우치며 제가이제 보광월전묘엄존왕불께 머리숙여 참회하니

다. 평생동안 화를내며 지은죄업 뉘우치며 환희장마니보
적불께 머리숙여 참회합니다. 한량없는 세월동안 받을고
통 소멸위해 무진향승왕불께 머리숙여 참회합니다. 축생
의몸 받을과보 모든죄업 소멸위해 제가이제 사자월불께
머리숙여 참회합니다. 도둑질로 받을과보 모든죄업 소멸
위해 환희장엄주왕불께 머리숙여 참회합니다. 탐심으로
욕망으로 지은죄업 소멸위해 제보당마니승광불께 머리숙
여 참회합니다. 이제 각 부처님의 명호를 불러가며 참회를
했습니다.

참제업장십이존불을 보고 우리가 참회해야 할 것은 5계
를 지키지 못함으로써 파생된 죄임을 알 수 있습니다.

|9|

십악참회와 근본참회

[십악참회十惡懺悔]
살생중죄금일참회 투도중죄금일참회
殺生重罪今日懺悔 偸盜重罪今日懺悔

죽일 살殺, 날 생生, 무거울 중重, 죄 죄罪, 이제 금今, 날 일日, 뉘우칠 참懺, 뉘우칠 회悔, 훔칠 투偸, 도둑 도盜, 무거울 중重, 죄 죄罪, 이제 금今, 날 일日, 뉘우칠 참懺, 뉘우칠 회悔

살생을 한 무거운 죄 지금 참회합니다. 도둑질한 무거운 죄 지금 참회합니다.

[열가지 죄업을 참회합니다]
살생을한 무거운죄 이제모두 참회하며
도둑질한 무거운죄 이제모두 참회하며

십악참회는 내가 지은 열 가지 악한 행동을 참회하는 것입니다. 내용을 살펴보면 십악참회가 오계와 연관된 것임을 알 수 있습니다.

살생중죄 금일참회, 투도중죄 금일참회. 살생을 한 무거운 죄 지금 참회합니다. 도둑질한 무거운 죄 지금 참회합니다. 참회는 어제도 내일도 아닌 내가 죄를 느낀 이 순간 바로 참회하는 것입니다. 아는 순간 참회하는 것입니다.

우리가 공부한 것 중에서 절대선과 상대선이 있습니다. 자신은 물론이고 이 세상에 존재하는 모든 것을 이롭게 하는 것은 절대선입니다. 자신은 이롭지만 상대방에게는 해로울 수 있는 것이 상대선입니다. 예를 들어, 우리나라가 잘 살기 위해서 이웃 나라에게 피해를 입힐 수 있습니다.

우리의 입장에서 보면 선이지만 다른 나라 입장에서 볼 때는 악입니다. 이것은 상대선입니다.

'산목숨을 죽이지 말라', '거짓말 하지 말라' '도둑질을 하지 말라' 하는 것처럼 부처님께서 우리에게 어떻게 살아가야 하는지를 제시한 오계가 바로 절대선입니다. 이는 내 삶만 아름답고 행복하게 하는 것이 아니라 이 세상에 존재하는 모든 것과 더불어 아름답고 행복하게 하는 행위의 원천입니다.

부처님 당시 '다니가'라는 비구가 있었습니다. 다니가는 절을 짓기 위해 나라의 목재를 관리하는 사람에게 거짓말을 하여 목재를 얻어 절을 짓습니다. 부처님을 믿고 제멋대로 행동하는 이 비구를 그대로 둘 수 없다고 생각한 관리가 임금님께 고합니다. 다니가가 임금님이 허락했다고 거짓말을 했던 것입니다. 결국 이 사건이 부처님의 귀에까지 들어갑니다. 부처님께서는 다니가를 불러놓고 사실대로 말하라고 합니다. 그런데 이 다니가는 아주 당당하게 "절을 짓기 위해 나라의 관리한테 거짓말을 했다"고 말합니다. 다니가는 관리한테 거짓말을 하고 목재를 가져 왔기 때문에 도둑질까지 한 것입니다.

다니가는 부처님한테 퇴출당합니다. 죄의식도 없이 당당하게 이야기하던 다니가는 모든 사실을 인정하게 됩니다.

부처님께서는 다니가가 승단에서 같이 수행할 수 없음을 선언하고 승단에서 퇴출시킵니다. 결국 다니가는 최초로 승단에서 퇴출되는 사람이 되고 이 사건으로 말미암아 근본 계율이 공표가 됩니다. 어떠한 일이 있더라도 '산목숨을 죽이지 말라, 도둑질하지 말라, 음행하지 말라, 거짓말하지 말라, 술을 먹지 말라'가 공표된 것입니다.

4-4 구절로 하면 '살생을한 무거운죄 이제모두 참회하며 도둑질한 무거운죄 이제모두 참회하며' 이렇게 됩니다.

사음중죄금일참회　망어중죄금일참회
邪淫重罪今日懺悔　妄語重罪今日懺悔

간사할 사邪, 음탕할 음淫, 무거울 중重, 허물 죄罪, 이제 금今, 날 일日, 뉘우칠 참懺, 뉘우칠 회悔, 망녕될 망妄, 말씀 어語, 무거울 중重, 허물 죄罪, 이제 금今, 날 일日, 뉘우칠 참懺, 뉘우칠 회悔
사음을 한 무거운 죄 지금 참회합니다. 거짓말한 무거운 죄 지금 참회합니다.

음행을한 무거운죄 이제모두 참회하며
거짓말한 무거운죄 이제모두 참회하며

사음중죄 금일참회 망어중죄 금일참회. 사음을 한 무거운 죄 지금 참회합니다. 거짓말 한 무거운 죄 지금 참회합니다.

오계를 살펴보면, '산 목숨을 죽이지 말라'는 것은 살아 있는 모든 생명을 제대로 잘 살 수 있게 하라는 것으로 생명에 대한 존엄성을 말씀하신 것입니다. 두 번째 '도둑질하지 말라'는 진리를 추구하는 바른 삶을 살기 위한 성실성을 이야기하고 있는 것입니다. 셋째 '음행을 하지 말라'는 얼마나 청정하게 살아가느냐 하는 문제로 음행이라는 근본적인 인간의 존엄성을 말하는 것입니다. 남녀에 상관없이 모든 생명이 존엄함을 의미합니다. 넷째 '거짓말 하지 말라'는 얼마나 정직 하느냐의 문제로 진실성을 이야기합니다. 마지막으로 '술을 먹지 말라' 하는 것은 단지 술만 이야기하는 것이 아니라 중독성 있는 것에 물들지 말라는 뜻입니다. 삶을 타락하게 하고 부패하게 만드는 중독성에 물들지 말라는 말씀입니다. 판단력과 분별력이 항상 깨어 있게 하는 것입니다.

부처님 당시 마가다국의 왕사성에서 길을 가던 한 나그네가 새끼를 낳은 암소에게 떠받쳐서 목숨을 잃었습니다. 소의 주인은 소가 독기를 품고 있는 것을 보고 겁이 나서 소를 팔아 버렸습니다. 소를 산 사람이 소를 몰고 가다가 물을 먹이기 위해 물가로 끌고 갔는데 갑자기 소가 돌아서면서 떠받는 바람에 그 사람도 물에 빠져 죽고 말았습니다. 죽은 사람의 아들은 아버지의 원수를 갚는다고 그 소를 망치로 쳐서 죽였습니다. 그리고 죽은 소를 시장에 내다 팔았습니다. 어떤 사람이 그 소머리를 사서 짊어지고 집으로 가다가 너무 힘이 들어 나무에 걸어놓고 나무 밑에 누워 잠깐 쉬고 있었습니다. 그런데 소머리가 떨어져 머리가 소뿔에 찔려 그 자리에서 죽고 말았습니다. 소가 세 명을 죽였습니다. 조정의 신하가 이 사건을 빔비사라 왕에게 고했습니다. 왕은 이 사건을 부처님께 말씀드리고 그 연유를 여쭈었습니다. 부처님께서는 다음과 같이 말씀하였습니다.

'지금부터 7, 80년 전에 장사꾼 세 명이 장사를 하기 위하여 이웃나라에 가서 한 달을 머문 적이 있었느니라. 그 때 할머니 혼자서 방을 세놓아 겨우 살아가는 집에 세를 들어 한 달을 지내고는 할머니가 장 보러 간 사이에 방세를 내지 않고 가벼렸느니라. 집에 돌아온 할머니는 장사꾼들이 도망간 것을 알고 한 나절을 찾아다니다가 장사꾼들을 만날 수 있었고, 방세를 달라고 하니 할머니에게 주었다고 잡아떼면서 오히려 할머니를 치매라고 덮어씌웠느니라. 할머니는 분한 마음으로 다음 생에 축생의 몸을 받더라도 꼭 원수를 갚을 것이다라고 저주를 하며 죽었느니라. 그 세 사람은 이러한 인연으로 그러한 과보를 받게 되었느니라.'

기어중죄금일참회　양설중죄금일참회
綺語重罪今日懺悔　兩舌重罪今日懺悔

비단 기綺, 말씀 어語, 무거울 중重, 허물 죄罪, 이제 금今, 날 일日, 뉘
우칠 참懺, 뉘우칠 회悔, 둘 양兩, 혀 설舌, 무거울 중重, 허물 죄罪, 이
제 금今, 날 일日, 뉘우칠 참懺, 뉘우칠 회悔

아첨하는 말을 한 무거운 죄 지금 참회합니다. 두 말을 한 무거운 죄
지금 참회합니다.

아첨한말 무거운죄 이제모두 참회하며
이간질한 무거운죄 이제모두 참회하며

　기어중죄 금일참회 양설중죄 금일참회. 기어는 말을 비
단처럼 한다는 말로 아첨하는 말입니다. 양설은 한 입으로
두 말을 하는 것입니다. 즉 이간질하는 것입니다. 해석하
면 '아첨한말 무거운죄 이제모두 참회하며 이간질한 무거
운 죄 이제모두 참회하며'가 됩니다.

　어떤 죄를 지으면 남은 속일 수 있어도 자신은 속일 수
가 없습니다. 비록 자신은 속일 수 있다하더라도 그 업은
속일 수가 없습니다. 지은 대로 과보가 나타날 수 밖에 없
습니다.

　입이 반듯한 사람은 전생에 바른 말을 한 과보이며, 입
이 반듯하지 못한 사람은 전생에 아첨하고 이간질한 말을
하여 상대방을 다치게 하였거나 해친 과보입니다.

악구중죄금일참회 탐애중죄금일참회
惡口重罪今日懺悔 貪愛重罪今日懺悔

악할 악惡, 입 구口, 무거울 중重, 허물 죄罪, 이제 금今, 날 일日, 뉘우칠 참懺, 뉘우칠 회悔, 탐할 탐貪, 사랑 애愛, 무거울 중重, 허물 죄罪, 이제 금今, 날 일日, 뉘우칠 참懺, 뉘우칠 회悔
악한 말을 한 무거운 죄 지금 참회합니다. 탐욕의 무거운 죄 지금 참회합니다.

나쁜말한 무거운죄 이제모두 참회하며
탐욕심낸 무거운죄 이제모두 참회하며

그 다음 악구중죄 금일참회 탐애중죄 금일참회. 악한 말한 무거운 죄 이제모두 참회하며 탐욕심을 낸 무거운 죄 이제모두 참회하며가 됩니다. 악구는 앞에서 나온 이간질, 아첨을 포함한 모든 악한 말을 뜻합니다. 이 악한 말을 모두 참회하는 것입니다.

말은 쉽게 나오지만 어떤 사람의 귀에 박혀버리면 빠져나오지 않습니다. 남을 칭찬하는 말은 10초가 지나면 잊어버립니다. 하지만 욕하고 헐뜯는 말은 들으면 잊혀지지 않습니다. 그래서 아첨, 이간질, 나쁜 말을 하는 것이 얼마나 큰 죄인지 알 수 있습니다.

모든 죄는 탐진치에서 시작합니다. 그 가운데 무명은 치로 어리석음에서 시작합니다. 무명에서 탐심과 진심이 끝도 없이 나오게 됩니다. 형상 있는 것에 대하여 아집을 일으키면 탐욕이 됩니다.

진에중죄금일참회　치암중죄금일참회
瞋恚重罪今日懺悔　痴暗重罪今日懺悔

눈부릅뜰 진瞋, 성낼 에恚, 무거울 중重, 허물 죄罪, 이제 금今, 날 일
日, 뉘우칠 참懺, 뉘우칠 회悔, 어리석을 치痴, 어두울 암暗, 무거울 중
重, 허물 죄罪, 이제 금今, 날 일日, 뉘우칠 참懺, 뉘우칠 회悔
성냄의 무거운 죄 지금 참회합니다. 어리석음의 무거운 죄 지금 참회
합니다.

화를내는 무거운죄 이제모두 참회하며
어리석은 무거운죄 이제모두 참회합니다

　진에중죄 금일참회 치암중죄 금일참회. 진에는 눈 부릅
뜨고 성내는 것 즉 화내는 것입니다. 치암은 어리석음입니
다. 화를내는 무거운죄 이제모두 참회하며 어리석은 무거
운죄 이제모두 참회합니다.

　그래서 이 십악참회를 통해서 말과 몸과 뜻으로 인한 모
든 죄를 참회하고 무명에서 비롯된 죄를 모두 참회합니다.
결국 탐심과 진심과 치심을 모두 참회하여 바닥까지 없애
고 나면 계정혜가 남게 됩니다. 이 계정혜를 가진 사람이
바로 부처이고 보살입니다. 촛불을 켜 밝아지면 어둠이 없
어져버리는 것과 같은 이치입니다.

　평생 수행을 잘 하다가 부처와 신중을 부정하고 한 번
성을 낸 과보로 뱀의 몸을 받게 된 홍도비구의 사신게를
소개합니다.

홍도비구弘度比丘 사신게蛇身揭

행봉불법득인신幸逢佛法得人身
다행히 사람 몸 받고 불법도 만났으며
다겁수행근성불多劫修行近成佛
오랫 동안 수행하여 성불에 가깝더니
송풍취타안중시松風吹打眼中視
솔 바람 불어 쳐 눈 가운데 티끌 보고서
일기진심수사신一起嗔心受蛇身
한 번 성내는 마음 일으켜 뱀의 몸을 받으니
천당불찰여지옥天堂佛刹如地獄
천당과 극락이 마치 지옥과 같으며
유유인신소작인唯有人身所作因
오직 사람 몸이 있어 인을 지을 따름이며
아석비구주차암我昔比丘住此庵
내가 전생에 비구로 이 암자에 머물렀으나
금수차신한만단今受此身恨萬端
금생에 이 몸을 받아 한이 많고 많은 지라
원사환향염부제願師還鄉閻浮提
원하옵건대 스승께서는 염부제에 돌아가서
설아형용계후인說我形容誡後人
저의 모습을 이야기 하여 후인들에게 경계케 하소서
영쇄아신작미진寧碎我身作微塵
차라리 저의 몸을 부수워 가루를 만들지라도
요불평생일기진要不平生一起嗔

원컨데 평생 한 번의 성냄도 일으키지 않게 하소서

含情口不能語言

뜻은 품고 있으나 입으로 말을 할 수 없어서

以尾成書露眞情

꼬리를 가지고 글을 만들어 참뜻을 들어 내노니

願師書事懸璧上

원하옵건대 스승께서는 이 일을 글로 써서 벽에 걸어 놓고

欲起嗔心擧顔看

성내는 마음이 일어나려고 하거든 얼굴을 들어 읽어 보게 하소서.

(근본참회根本懺悔)

백겁적집죄 일념돈탕진
百劫積集罪 一念頓蕩盡

일백 백百, 겁 겁劫, 쌓을 적積, 모을 집集, 허물 죄, 罪 한 일一, 생각
념念, 그칠 돈頓, 끊을 탕蕩, 다할 진盡
일백 겁 동안 쌓아 모은 죄. 한 생각에 그치고 끊어져 없어지네.

오랜세월 두고두고 쌓인죄업
한생각에 끊어지고 없어지네

여화분고초 멸진무유여
如火焚枯草 滅盡無有餘

같을 여如, 불 화火, 불사를 분焚, 마를 고枯, 풀 초草, 멸할 멸滅, 다할
진盡, 없을 무無, 있을 유有, 남을 여餘
불이 마른 풀을 태워 없애듯이, 남김없이 멸하고 다하여 없어지네.

거친불이 마른풀을 태우듯이
다멸하여 남김없이 사라지네

　백겁적집죄 일념돈탕진은 일백겁 동안 쌓아놓은 죄 한
생각에 그치고 끊어 없어지네 입니다. 탐진치와 무명에 의
한 그 많은 죄가 한 생각에 전부 끊어져 없어집니다.
　여화분고초 멸진무유여는 불이 마른 풀을 태워 없애듯
이 남김없이 멸하여 없어지네 입니다. 백겁 동안 쌓은 죄
들이 불이 마른 풀을 태우듯이 남김없이 멸하여 한 순간에
없어집니다.

앞에서 참제업장십이존불에게 참회를 했습니다. 그리고 십악참회도 했고 이제 근본참회를 하고 있습니다. 우리가 말과 몸과 뜻의 삼업으로 지은 그 모든 죄를 내가 절을 하며, 독송을 하며, 사경을 하면서 참회를 하는 것입니다.

참회는 크게 두 가지로 나눌 수 있습니다. 하나는 사참이고 하나는 이참입니다. 사참이 바로 말과 몸과 뜻으로 지은 삼업을 참회하는 것입니다. 내가 절을 하며, 독송을 하며, 사경을 하면서 참회를 하는 것입니다. 이참은 실상의 이치를 깨쳐 참회를 하는 것입니다. 견성성불을 하면 이루어지는 것이 바로 이참입니다.

이 참회는 산스크리트어로 하면 ksama가 됩니다. 참은 ksama의 음역이고 회는 ksama의 의역입니다. 참은 용서를 청하는 것이고 회는 후회하여 뉘우치는 것입니다. 그래서 참회하는 것 만큼 아름다운 것이 없습니다. 참회함으로써 모든 것이 이루어집니다. 참회하는 순서도 우선 부처님께 고하고 사참을 하고 이참을 하는 것입니다.

이참이 되는 순간 다시는 탐진치에 물들지 않으며, 자비광명이 충만하게 됩니다. 그러므로 이참이 되면 모든 것이 다 이루어집니다. 이것을 4-4로 해보면 '오랜세월 두고두고 쌓인죄업 한생각에 끊어지고 없어지네. 거친불이 마른 풀을 태우듯이 다멸하여 남김없이 사라지네.'가 됩니다.

죄무자성종심기 심약멸시죄역망
罪無自性從心起 心若滅時罪亦亡

허물 죄罪, 없을 무無, 스스로 자自, 성품 성性, 쫓을 종從, 마음 심心,
일어날 기起, 마음 심心, 같을 약若, 멸할 멸滅, 때 시時, 허물 죄罪, 또
역亦, 없을 망亡

죄에는 자성이 없으며 마음 따라 일어나네. 마음이 멸하면 같이 죄도
또한 없어지네.

죄와업은 자성없어 마음따라 일어난것
마음한번 쉬고나면 죄도또한 사라지네

죄망심멸양구공 시즉명위진참회
罪亡心滅兩俱空 是則名爲眞懺悔

허물 죄罪, 없을 망亡, 마음 심心, 멸할 멸滅, 둘 양兩, 갖출 구俱, 빌 공
空, 이 시是, 곧 즉則, 이름 명名, 할 위爲, 참 진眞, 뉘우칠 참懺, 뉘우
칠 회悔

죄도 없어지고 마음도 멸해져 둘 다 없어지면, 그것을 진짜 참된 참회
라 이름하네.

죄와마음 없어져서 둘이함께 공해지면
이것들을 이름하여 참참회라 이름하네

　　죄무자성종심기 심약멸시죄역망에서 죄는 자성이 없어
서 마음따라 일어나며 마음이 멸하면 죄도 또한 없어지네
입니다.

　　죄망심멸양구공 시즉명위진참회는 죄도 없어지고 마음
도 멸해져 죄와 마음 둘 다 없어지면 그것을 이름하여 참
참회라 이름하네 입니다.

지속적으로 죄를 없애나가는 것이 사참이며, 견성성불하여 한 순간에 죄를 없애는 것이 이참입니다. 그러므로 진정한 참회는 견성성불을 해야(이참을 해야) 이루어진다고 할 수 있겠습니다.

삼조 승찬스님은 저 유명한 신심명을 저술했습니다. 승찬스님은 본래 유생출신으로 항상 죄를 짓고 산다는 생각을 하고 있었습니다. 그래서 죄를 짓고 살아간다는 생각을 떨쳐버릴 수가 없었습니다. 어떻게 하면 이런 마음이 들지 않고 살아갈 수 있을까? 하는 생각에 이조 혜가스님을 찾아갑니다. "스님 저는 항상 죄스러운 마음을 지니고 삽니다. 이 죄스러운 마음만 없으면 편히 살겠는데 어떻게 하면 죄스러운 마음없이 편히 살 수 있겠습니까?" 그러자 혜가스님이 그 죄를 내놓으면 없애주겠다고 말합니다. 그 순간 승찬스님은 마음의 본질을 보게 됩니다.

그래서 신심명의 첫 부분을 보면 지도무난至道無難 유렴간택有廉看擇 단막증애斷莫憎愛 통연명백通然明白 이란 구절이 나옵니다. 이것을 해석해보면 '도라는 것은 원래 어려운 것이 아니다. 이것저것 간택을 하지 않고 증오하고 원망하고 애욕하는 것을 막아버리면 명백하게 거기에 도가 있다'가 됩니다. 혜가스님이 '그 죄를 내놓아라' 라고 하는 순간 그 죄스러운 마음이 사라지게 된 것입니다.

죄의 본체를 본 순간 죄는 사라져버립니다. 즉 죄도 마음도 모두 사라져버리는 것입니다. 본질은 원래 없고, 원래 청정한 것이기 때문입니다.

어떤 스님이 조주스님을 찾아와 부처와 깨달음에 대하여 묻습니다. 그러자 조주스님은 '뜰 앞의 잣나무' 라고 대답했습니다. 생각해봅시다. 뜰 앞의 잣나무라는 말을 듣는 순간 우리 머리속에는 무엇이 작용합니까? 내 육식과 칠식에서 뜰 앞의 잣나무라는 말에 구속되어 답을 냅니다. 거기에 물들지 않는 생각으로 육조단경에서 '머무르는 바없이 마음을 일으켜라' 는 말이 바로 이것입니다. 죄는 자성이 없으며 마음 따라 일어나네. 마음이 멸하면 죄도 같이 없어지네.

죄도 없어지고 마음도 같이 멸해져 둘 다 없어지면 그것을 일러 참참회라 이르네. 이것이 바로 지금 설명하는 이 내용에 해당합니다.

부처님의 10대 제자 가운데 계율제일인 우바리가 있습니다. 부처님의 10대 제자 가운데 유일하게 천민 출신입니다. 그래서 계율을 어긴 수행자들이 우바리를 찾아와서 이런 계율을 어겼는데 어떻게 하면 되는지 물어보고 해결책을 듣고 갑니다.

어느 날 젊은 두 수행자가 우바리를 찾아왔습니다. 그

젊은이들은 한참 수행에 대해 이야기하다가 자신들이 어긴 계율을 말합니다. "저희들은 건강한 몸인데도 술을 먹었습니다. 부처님은 몸이 아플 때만 약용으로 술을 쓰는 건 괜찮다고 하셨습니다. 어떻게 하면 참회할 수 있겠습니까?"

이에 우바리는 오계에 대해 설명합니다. 그 때 유마가 나타나서 "죄가 생기는 것은 간접의 원인인 인연 때문이며 죄 자체는 없습니다." 라고 우바리에게 말해줍니다. 이 유마는 죄도 마음도 없다는 것을 설명한 것입니다. 승찬스님과 유마의 일화로 죄에 대한 설명을 했습니다.

이 부분을 4-4절로 해보면 '죄와업은 자성없어 마음따라 일어난것 마음한번 쉬고나면 죄도모두 사라지네. 죄와마음 없어져서 둘이함께 공해지면 이것들을 이름하여 참참회라 이름하네'가 됩니다. 이제 참회가 다 끝났습니다.

| 10 |
준제주

[참회진언懺悔眞言]
옴 살바 못자 모지 사다야 사바하 (세번)

옴 살바 못자 모자 사다야 사바하(om sarva bodha bodhisattvaya sva ha)
옴(아!), 살바(일체의), 못자(지혜), 모지(보리), 사다야(중생에게), 사바하(성취되다)
아! 모든 중생들이 일체의 지혜를 체득하여 보리를 성취하소서.

[죄업을 참회하는 진언]
옴 살바 못자 모지 사다야 사바하

참회가 다 끝났으니 참회진언이 나옵니다. 참회진언으로 준제주의 서두를 열고 있습니다. 정말 교묘하게 연결시킨 것이 과히 천재적인 발상의 구조입니다. 천수경 전체의 체계가 정구업진언으로 시작했듯이 준제주는 참회진언으로 시작됩니다. 그러면서 참회진언으로 참회를 마무리하고 있습니다.

옴 살바 못자 모지 사다야 사바하에서 옴은 감탄사 아! 란 뜻이었습니다. 살바는 일체의라는 뜻이고 못자는 지혜를 뜻합니다. 모지는 보리이고 사다야는 중생에게라는 뜻이고 사바하는 성취되다는 뜻입니다. 이 구절을 해석해 보면 '아! 모든 중생들이 일체의 지혜를 체득하여 보리(깨달음)를 성취하게 하소서' 라는 말이 됩니다. 그러니까 이 참회가 깨달음을 터득하는 것이며 견성성불입니다.

참회진언까지 오면 전체 구성상 참회를 했으니 원을 세

우면 됩니다. 그런데 그 사이에 준제주가 나옵니다. 이 준
제주는 천수경 속에서 또 하나의 찬탄의 구조를 지니고 있
습니다. 앞에서도 설명했듯이 준제주는 고려시대 백련결
사운동 때 첨가되지 않았을까 추측됩니다. 처음 천수경이
만들어졌을 때, 함께 만들지 않았다고 보는 근거가 바로
준제주가 천수경과 같은 준제진언을 하기 위한 개경, 계청
의 형식을 취하고 있기 때문입니다. 천수경 안에 또 하나
의 형식을 이루며 삽입되어 있기 때문입니다.

(준제주의 계청)

준제공덕취 적정심상송
准提功德聚 寂靜心常誦

법 준准, 끌 제提, 공 공功, 큰 덕德, 모을 취聚, 고요할 적寂, 고요할
정靜, 마음 심心, 항상 상常, 욀 송誦
준제주의 공덕을 많이 쌓으려면 고요한 마음으로 항상 염송하라.

준제주의 큰공덕을 쌓으려면
더고요한 마음으로 염송하라

일체제대난 무능침시인
一切諸大難 無能侵是人

한 일一, 급할 체切, 모두 제諸, 큰 대大, 어려울 난難, 없을 무無, 능할
능能, 침노할 침侵, 이 시是, 사람 인人
일체의 모든 어려움도 이 사람을 침노하지 못하네.

그어떠한 감당못할 어려움도
이사람을 침범하지 못할거네

준제주도 천수경과 같이 처음에 계청이 나옵니다. 준제
공덕취 적정심상송은 준제주의 공덕을 많이 쌓으려면 고
요한 마음으로 항상 준제주를 염송하라는 뜻이며, 일체제
대난 무능침시인은 일체의 모든 어려움이 이 사람을 침노
하지 못한다는 것입니다.

결국 우리가 열망하고 추구하는 것은 열반입니다. 열반
을 이루었을 때의 상태가 적정이며, 적정일 때 진리와 계

합하는 것이며 부처가 되는 것입니다. 이러한 마음상태에서는 어떤 어려움도 사라지게 되며, 원하는 대로 모든 것이 이루어지게 됩니다.

천상급인간 수복여불등
天上及人間 受福如佛等

하늘 천天, 위 상上, 미칠 급及, 사람 인人, 사이 간間, 받을 수受, 복
복福, 같을 여如, 부처 불佛, 무리 등等
하늘이나 인간들도 부처님 같이 큰 복을 받으리.

하늘이나 지옥이나 인간들도
부처같이 큰복덕을 받으리라

우차여의주 정획무등등
遇此如意珠 定獲無等等

만날 우遇, 이 차此, 같을 여如, 뜻 의意, 구슬 주珠, 정할 정定, 사로잡
을 획獲, 없을 무無, 무리 등等, 무리 등等
이 여의주를 만났으니 가장 높은 깨달음을 얻으리라.

지금에야 이여의주 만났으니
가장높은 깨달음을 이루리라

천상급인간 수복여불등은 하늘이나 인간들도 부처같이
큰 복을 받으리라는 뜻으로 준제주를 염송하면 이런 복덕
이 내려온다는 말입니다. 우차여의주 정획무등등은 이 여
의주를 만났으니 가장 높은 깨달음을 얻으리라는 뜻으로
이 준제주를 염송하면 견성성불 할 수 있다는 말입니다.

내가 지금 이 준제주를 지성으로 염송하면 염송하는 그
마음이 바로 부처가 됩니다. 부처가 되는 순간 축생이든
인간이든 천상이든 누구든 간에 부처와 같은 복덕을 받게

되는 것입니다. 결국 진언을 염송한다는 것은 진언의 내용과 내 마음이 하나가 되는 것입니다. 이 순간 진언이 가장 귀한 보물인 여의주가 되는 것입니다. 우리가 염불이나 진언을 일심으로 염송할 때 순간적으로 삼매에 들어 부처가 되는 것입니다.

나무칠구지불모대준제보살 (세번)
南無七俱胝佛母大准提菩薩

나무 남南, 없을 무無, 일곱 칠七, 갖출 구俱, 못박힐 지胝, 부처 불佛, 어미 모母, 큰 대大, 법 준准, 끌 제提, 보살 보菩, 보살 살薩
7억이나 되는 부처님의 어머니인 준제보살께 귀의합니다.

진리바다 어머니인 준제님께 귀의합니다(세번)

그 다음은 준제보살을 청합니다. 나무칠구지불모대준제보살에서 구지는 산스크리트어로 '억'이란 말에서 음차해 온 것입니다. 나무는 귀의한다는 뜻이고 칠구지는 곧 7억이 됩니다. 불모는 부처의 어머니입니다. 그러므로 7억이나 되는 부처님의 어머니신 대준제보살께 귀의합니다 가 됩니다. 그래서 이 준제주를 열심히 염송하면 부처가 된다는 말입니다. 준제보살을 진리바다의 어머니로 번역했습니다.

[정법계진언淨法界眞言]
옴람 (세번)

맑을 정淨, 법 법法, 지경 계界, 참 진眞, 말씀 언言
옴람(om ram)
람ram(정지, 안락, 적정의 상태로 만든다)
[법계를 깨끗하게 하는 참된 말씀]
아! 청정케 되어지이다!

[법계를 깨끗이 하는 진언]
옴람

정법계진언은 법계를 깨끗하게 하는 참된 말씀입니다. 옴람의 옴은 감탄사고 람은 정지, 적정, 안락의 상태로 만든다는 뜻입니다. 그러므로 옴람은 '아! 청정케 되어지이다' 라는 뜻입니다.

[호신진언護身眞言]
옴 치림(세번)

호위할 호護, 몸 신身, 참 진眞, 말씀 언言
옴 치림(om cilim)
치림cilim(심히 깊다, 길상)
[몸을 보호하는 참된 말씀]
아! 부처님 마음은 심히 깊습니다.

[몸을 보호하는 진언]
옴 치림

옴 치림은 진실한 몸을 보호해주는 호신진언입니다. 호신진언으로 몸을 보호해주는 참된 말씀인 '옴 치림'을 염송합니다. 치림은 길상, 심히 깊다는 뜻입니다. 다시 말해서 아! 부처님의 말씀은 심히 깊습니다 가 됩니다. 이 세상의 모든 것들을 제대로 존재하게끔 하는 것이 바로 부처님의 생각이고 뜻이고 마음입니다.

[관세음보살 본심미묘 육자대명왕진언觀世音菩薩本心微妙 六字大明王眞言]
옴 마니 반메 훔(세번)

볼 관觀, 인간 세世, 소리 음音, 보살 보菩, 보살 살薩, 근본 본本, 마음 심心, 작을 미微, 묘할 묘妙, 여섯 육六, 글자 자字, 큰 대大, 밝을 명明, 임금 왕王, 참 진眞, 말씀 언言

옴 마니 반메 훔(om mani padme hum)

[관세음보살의 미묘한 본래 마음을 나타내는 여섯자로 된 밝은 참된 말씀]

아! 연꽃의 보주시여! 생사의 원인이 되는 업을 멸해 주소서.

[관음보살 미묘하신 본래마음 나타내는 여섯자 밝은 진언]
옴 마니 반메 훔

  관세음보살본심미묘육자대명왕진언인 옴 마니 반메 훔은 관세음보살의 미묘한 본래마음을 나타내는 여섯자로 된 밝고 참된 말씀이 됩니다. 천수경은 관세음보살에 관한 경전이고 관세음보살에 대한 찬탄을 나타내는 경전입니다. 이것은 준제주의 결론이며 모든 것을 포함하는 것이 관세음보살본심미묘육자대명왕진언입니다.

  옴은 감탄사로 법계, 맑은 마음을 나타내는 것이고, 마니는 여의주, 진주를 나타냅니다. 반메는 연꽃, 훔은 완성을 의미합니다. 아! 연꽃의 보주시여! 생사의 원인이 되는 업을 멸해주소서. 하여금 깨달음을 이루게 해주소서. 하는 뜻입니다.

옴마니반메홈은 우주의 모든 것을 상징하고 있습니다. 옴은 법계 맑은 마음을 나타냅니다. 그리고 비로자나불인 깨달음 그 자체를 상징합니다. 마니의 마는 우리의 자성을 깨치는 것이고 니는 우리의 생을 이루는 것입니다. 반메의 반은 천지의 기운을 받고 메는 성취의 세계로 들어가는 것을 의미합니다. 홈은 대 환희를 증득하는 것입니다. 홈은 바로 모든 것이 성취되었을 때 내는 소리입니다. 불교에서는 우주법계를 전부 이 옴마니반메홈으로 나타내고 있습니다. 옴마니반메홈은 진언 가운데 가장 간략하게 이 우주 전체를 나타내고 있습니다.

이 세계는 중앙에서 볼 때 동서남북으로 나누어져있습니다. 절에 가보면 석가모니 부처님을 모시고 있는 대웅전 대신에 비로전이 주불로 모셔져 있는 곳이 있습니다. 비로전은 이 우주의 법신을 나타내며 옴을 상징합니다.

그 다음을 보면 마니반메는 동서남북을 나타내는데 홈은 상징하는 곳이 없습니다. 우주의 본체 속에서 우리가 살고 있는 세계 그 자체가 바로 홈을 상징합니다. 그러므로 깨달음은 우리가 살고있는 이 세상에서 이루어지는 것입니다. 마는 동쪽을 다스리는 아촉여래를 상징합니다. 니는 남쪽을 다스리는 보생여래를 상징합니다. 반은 서쪽을 다스리는 아미타여래를 상징합니다. 메는 북쪽을 다스리는 불공성취여래를 상징합니다. 여기서 우리가 살고 있는 현상세계가 바로 훔입니다.

우리의 세계는 지수화풍으로 이루어져있습니다. 죽으면 땅 속으로 가니까 북쪽을 다스리는 불공성취여래가 지를 상징하고, 동쪽을 상징하는 아촉여래가 수를 상징하며, 남쪽을 다스리는 보생여래가 화를 상징하고 죽으면 한줌의 바람이 되어 날아가니까 바람은 서쪽을 나타내며 아미타여래를 상징합니다.

깨침은 색이 없는 백색을 상징합니다. 그리고 동쪽은 청색, 남방은 황색, 서방은 적색, 북방은 연두색으로 상징합니다. 이처럼 색깔이나 지수화풍으로도 이 우주를 나타내고 있습니다. 이 모든 것이 우리가 살고 있는 훔에서 성취됩니다.

우리는 이 관세음보살 육자대명왕진언으로 모든 것을 표현할 수 있습니다. 진언 가운데 최고의 진언이 바로 이 육자대명왕진언이라 할 수 있겠습니다.

옴 ---- 법계 ---> 맑은 마음

마 ---- 여의주, 진주 ---> 자성을 깨우침

니   ---> 생을 이루고

반 ---- 연꽃   ---> 천지의 기운을 받고

메   ---> 성취의 세계에 들고

홈 ---- 완성   ---> 대환희 증득

                                   (현상세계에서)
                                   훔, 識

                  북(불공성취여래)
                  (변화신), 시무외
                    메, 地, 연

서 (아미타여래)   비로자나여래   동 (아촉여래)
(타수용신), 선정   (법신), 지권   (자성신), 촉지
 반, 風 적   옴, 空, 백   마, 水, 청

                   남 (보생여래)
                  (자수용신), 여원
                    니, 火, 황

[준제진언 准提眞言]
나무 사다남 삼먁삼못다 구치남 다냐타
옴 자례주례 준제 사바하 부림(세번)

나무 사다남 삼먁삼못다 구치남 다냐타 옴 자례주례 준제 사바하 부림
(namah saptanam samyak-sambuddha-kotinam tad-yatha om cala-cal
a cundi svaha bhurim)
사다남saptanam(7이라는 숫자), 삼먁샴못다samyak-sambuddha(정등
각자), 구치남kotinam(천만), 다냐타tad-yatha(이와같이, 이른바), 자례
주례cala-cala(이리저리 움직이는, 중생구제를 위한 끝없는 행), 준제cu
ndi(준제), 사바하svaha(영광이 있기를), 부림bhurim(반복)
7천만의 정등각자, 부처님께 귀의합니다.
아! 중생구제를 위하여 끝없는 행을 드러내 보이시는 준제보살님께 자
비광명이 충만하시기를!

[준제진언]
나무 사다남 삼먁삼못다 구치남 다냐타
옴 자례주례 준제 사바하 부림(세번)

육자대명왕진언 다음 준제진언이 나옵니다. 나무 사다남 삼먁 삼못다 구치남 다냐타 옴 자례주례 준제 사바하 부림을 해석하면 나무는 귀의한다는 뜻이고 사다남은 7을 뜻합니다. 삼먁삼못다는 정등각자 즉 깨달은 자를 의미합니다. 구치남은 천만이고 다냐타는 이와같이라는 뜻입니다. 자례주례는 똑같은 말이지만 독송의 운치를 더하려고 다르게 읽는 것입니다. 이리저리 움직이는 모습으로 중생구제를 위해서 끝없이 행하는 행위를 의미합니다. 사바하는 영광이 있기를, 성취되기를 정도로 해석할 수 있습니다.

부림은 반복한다는 뜻입니다.

  7억의 정등각자 부처님께 귀의합니다. 아! 중생구제를
위하여 끝없은 행을 드러내 보이시는 준제보살님께 자비
광명이 충만하기를!(부처님의 자비가 있기를!)

아금지송대준제 즉발보리광대원

我今持誦大准提 卽發菩提廣大願

나 아我, 이제 금今, 가질 지持, 욀 송誦, 큰 대大, 법 준准, 범어 제提, 곧 즉卽, 필 발發, 보살 보菩, 보리수 리提, 넓을 광廣, 큰 대大, 원할 원願

내가 지금 준제주를 지니고 염송하는 것은, 보리심과 큰 원을 발하는 것입니다.

제가이제 준제주를 지니옵고 염송함은 견성성불 하겠다고 원세우는 것이되며

이제 준제진언을 했으니 준제주의 공덕을 말하고 발원을 합니다. 아금지송대준제 즉발보리광대원의 뜻은 내가 지금 준제주를 지니고 염송하는 것은 보리심과 큰 원을 발하는 것입니다. 이 준제주를 염송하는 것은 바로 보리심을, 깨달음을 이루겠다는 큰 원을 세우는 것입니다.

4-4구절로 해보면 '제가이제 준제주를 지니옵고 염송함은 견성성불 하겠다고 원세우는 것이 되며'가 됩니다.

원아정혜속원명 원아공덕개성취
願我定慧速圓明 願我功德皆成就
원할 원願, 나 아我, 정할 정定, 지혜 혜慧, 빠를 속速, 둥글 원圓, 밝을
명明, 원할 원願, 나 아我, 공 공功, 큰 덕德, 다 개皆, 이룰 성成,나아
갈 취就
선정과 지혜가 속히 밝아지기를 원하며, 모든 공덕이 이루어지기를 원
합니다.

제가이제 모든선정 밝은지혜 함께닦아
하루빨리 모든공덕 이루기를 원하오며

원아정혜속원명 원아공덕개성취의 뜻은 선정과 지혜가
속히 밝아지기를 원하며 모든 공덕이 이루어지기를 원합
니다. 공덕이 없으면 복덕이 없습니다. 공덕은 복덕을 생
기게끔 하는 힘입니다. 그러므로 우리는 공덕을 닦아야 이
생에서 복덕을 받을 수 있습니다. 전생에 쌓은 복덕 없이
이 생에서 복을 받으며 살 수 없습니다. 지금 우리는 전생
에 큰 공덕을 쌓았기 때문에 인간으로 태어나 부처님의 가
르침을 배울 수 있는 것입니다.

세세생생 살아가면서 바른법을 만나는 것 만큼 더 큰 복
은 없습니다. 우리는 부처님 법과 인연이 닿은 것만으로도
전생에 엄청난 큰 공덕을 쌓았다는 것을 알아야합니다.

만물이 조용해질 때 가만히 혼자 앉아 생각해보십시오.
내가 전생에 무엇이었는지? 부처가 되는 모든 공부는 선
정과 지혜 즉 사마타와 위빠사나로 요약됩니다. 끝없는 수

행이 없이는 부처가 될 수 없습니다. 내가 조금씩 진리에 다가가기 위해서는 끝없이 자신에게 빠져보는 수 밖에 없습니다. 바로 사마타로 끝없이 자기에게로 빠져드는 것입니다. 위빠사나도 다름이 아니라 끝없이 자신을 찾아가는 것입니다. 이 두 가지가 우리로 하여금 가장 큰 공덕을 쌓게하고 우리에게 복덕을 가져다주고 부처가 되게 합니다.

4-4구절로 해보면 '제가이제 모든선정 밝은지혜 함께닦아 하루빨리 모든공덕 이루기를 원하오며'가 됩니다.

원아승복변장엄 원공중생성불도
願我勝福遍莊嚴 願共衆生成佛道

원할 원願, 나 아我, 이길 승勝, 복 복福, 두루 편遍, 장엄할 장莊, 엄할
엄嚴, 원할 원願, 한가지 공共, 여러 중衆, 살 생生, 이룰 성成, 부처 불
佛, 길 도道

뛰어난 복덕으로 두루 장엄하기를 원하며, 중생들이 함께 부처 이루기
를 원합니다.

제가이제 거룩하신 복덕으로 장엄하니
중생들이 모두함께 부처되길 원합니다

　원아승복변장엄 원공중생성불도의 뜻은 뛰어난 복덕으
로 두루 장엄하기를 원하며 중생들이 함께 부처되기를 원
합니다. 장엄은 장엄하게 하다, 화려하게 하다는 뜻이 들
어있습니다. 결국 우리가 공덕을 쌓고 복덕을 쌓으면 부처
의 나라를 화려하고 장엄하게 할 수 있습니다. 중생들이
함께 부처 이루기를 원하는 것이 우리가 공부하는 목적입
니다. 나뿐만 아니라 생명 있는 모든 것이 부처되기를 원
한다는 뜻입니다. 내가 부처 되면 모두가 함께 부처가 되
는 것이고 내가 부처 못되면 모두 함께 못되는 것입니다.
내가 지옥이고 모든 것이 지옥이면 부처님이 어떤 말씀을
해도 소용이 없습니다. 하지만 내가 부처가 되면 지옥에
가도 모든 것이 부처가 됩니다. 결국 내가 부처가 되어야
모든 것이 해결됩니다. 도솔천에서 수행을 하고 있는 그
분만 미륵이 아니라 우리 모두가 미륵인 것입니다.

| 11 |

여래의 발원

[여래십대발원문如來十大發願文]
원아영리삼악도 원아속단탐진치
願我永離三惡道 願我速斷貪瞋痴

같을 여如, 올 래來, 열 십十, 큰 대大, 필 발發, 원할 원願, 글월 문文, 원할 원願, 나 아我, 길 영永, 떠날 리離, 석 삼三, 악할 악惡, 길 도道, 원할 원願, 나 아我, 빠를 속速, 끊을 단斷, 탐할 탐貪, 눈부릅뜰 진瞋, 어리석을 치痴
[여래의 열가지 큰 발원]
세가지 나쁜 길을 영원히 떠나기를 원하며, 탐진치를 속히 끊기를 원하며.

[여래께 올리는 열가지 원입니다]
아귀축생 지옥도를 떠나기를 원하오며
탐진치의 독한마음 끊어지길 원하오며

내가 부처 되겠다는 생각을 하면 온 세상이 부처로 변해 갑니다. 작은 옹달샘이 흘러서 큰 강이 되는 것처럼 나의 작은 원이 온 세상을 부처의 나라로 만들 수 있습니다.

다시 한 번 천수경의 구조를 보겠습니다. 처음에 개경을 했고 계청을 하고 다라니를 염송했습니다. 다라니를 읽고 지금까지 지어온 업을 없애고 바르게 살아가겠다는 참회를 했습니다. 그리고 이제 결론에 해당하는 발원이 나옵니다.

부처님의 발원인 여래십대발원문을 보겠습니다. 첫 번째와 두 번째인 원아영리삼악도 원아속단탐진치의 뜻을 보면 '세 가지 나쁜 도를 영원히 떠나기를 원하며 탐진치를 속히 끊기를 원합니다'입니다.

우리는 지은 업에 따라 육도윤회를 합니다. 육도는 지옥, 아귀, 축생, 아수라, 인간, 천상입니다. 죄가 중하면 지옥에 떨어집니다. 그러므로 삼악도에서 영원히 떠난다는 것은 지옥, 아귀, 축생으로 영원히 태어나지 않겠다는 말입니다.

부처님이 깨친 연기는 우리의 본질 속에 있으며 이 우주 만물의 본질적인 속성입니다. 만물의 본질적인 속성이 바로 무상이고 무아입니다. 그렇기 때문에 불교를 믿든 믿지 않든 깨치고 보면 세계는 다 같을 수밖에 없습니다. 무상의 의미는 만물은 끊임없이 변화하기 때문에 일정한 형태가 없다는 말입니다. 무아는 모든 만물이 연관되어 있어서 나라고 분리시킬 만한 것은 아무것도 없다는 말입니다. 그래서 무상과 무아가 되면 극락이 펼쳐지는 것입니다.

우리는 결혼해서 사는 평범한 삶을 살아도 삼악도에는 떨어지지 않습니다. 만약 큰 죄를 짓고 세상을 지옥으로 만든다면 이것은 인간으로 태어나서 본전도 못되는 삶이라고 할 수 있습니다.

무상과 무아를 모르는 것이 바로 무명입니다. 이 무명이 탐진치 가운데 치에 해당한다고 할 수 있습니다. 무상과 무아를 아는 것이 바로 명 즉 연기입니다. 이는 곧 부처가 되는 것을 의미합니다.

부처님의 여래십대발원도 다른 것이 아닙니다. 부처님이 모든 중생이 부처되기를 발원한 것이라 할 수 있습니다. 그러기 위해서는 부처님 자신이 부처가 되는 수 밖에 없습니다.

사홍서원 마지막 부분인 자성중생서원도의 뜻도 그러한 내용입니다. 천수경의 결론은 바로 이 세상을 부처의 세상이 되게 하기 위해서는 내가 부처가 될 수 밖에 없다는 것입니다. 아무 것도 모르는 무명의 상태인 치에서 탐심이 나오고 진심이 나옵니다. 이런 탐진치가 사라지는 것도 순식간입니다. 우리가 무명을 알고 깨치는 순간 촛불에 불을 붙이면 바로 밝아지듯이 탐진치가 사라집니다.

첫 번째, 두 번째 원을 4-4절로 해석하면 '아귀축생 지옥도를 떠나기를 원하오며 탐진치의 독한마음 끊어지길 원하오며'가 됩니다.

원아상문불법승 원아근수계정혜
願我常聞佛法僧 願我勤修戒定慧

원할 원願, 나 아我, 항상 상常, 들을 문聞, 부처 불佛, 법 법法, 중 승僧, 원할 원願, 나 아我, 부지런할 근勤, 닦을 수修, 경계할 계戒, 정할 정定, 지혜 혜慧

불법승을 항상 듣기를 원하며, 계정혜를 부지런히 닦기를 원하며.

깨달음과 올바름과 함께하길 원하오며
계정혜를 부지런히 닦고닦길 원하오며

원아상문불법승 원아근수계정혜는 불법승을 항상 듣기를 원하오며 계정혜를 부지런히 닦기를 원하며로 해석할 수 있습니다.

우리가 공부를 하고 수행을 하다보면 자신도 모르게 스며들 듯이 부처가 되어있습니다. 부처님의 제자인 아난이 묻습니다. '부처님이시여, 지금 부처님한테서 배우는 제자들의 집단이 도의 반이라 생각해도 되겠습니까?' 부처님이 대답합니다. '아난아 함께 수행하는 벗들은 도의 반이 아니라 도의 전부다.' 이 말의 의미는 바로 같이 공부하는 무리 덕분에 같이 부처가 된다는 뜻입니다.

불법승은 맑고 올바르고 깨끗함을 의미합니다. 이것을 계속 듣다보면 나쁜 것이 사라지게 되고, 바르고 착하게 살다보면 부처가 되는 것입니다. 불법승을 듣는 것은 바로 항상 진리를 생각하고 진리 속에서 머물면서 바른 것을 생각하는 것입니다. 이렇게 불법승을 계속 들으면 삼악도에서 벗어날 수 있습니다.

계정혜는 탐진치를 제거합니다. 절제되고 규칙적인 삶을 삶으로써 탐심에서 벗어날 수 있고, 올바름으로써 진심을 이겨낼 수 있습니다.

탐진치에 대해 좀 더 자세히 알아보겠습니다. 치는 바로 아치로 나를 모르는 것에서 생깁니다. 내 몸인 육근과 대상인 육경이 부딪쳐 생긴 것이 바로 육식입니다. 이 육식 위에 잠재의식인 칠식인 마나식이 있고 그 위에 무의식인 잠재의식의 저장창고인 알라야식 팔식이 있습니다. 육신이 지수화풍으로 사라져도 이 업은 다음 생으로 이어집니다. 그런데 칠식인 잠재의식에서 팔식을 나라고 고집을 하는데 이것이 아집입니다. 거기서 끝없는 탐진치가 생겨나는데 그것이 바로 아치이며 아치 때문에 끝없는 아집이 생겨납니다. 또한 자기가 최고인 아만, 나만 사랑하는 아애가 생겨납니다. 이것들이 떨어져나가야 다른 사람들을 진정으로 생각할 수 있게 되고 보살이 되고 부처가 됩니다. 그러므로 칠식인 마나식이 깨트려져야 탐진치가 없어집니다.

세 번째와 네 번째 원을 4-4구절로 해보면 '깨달음과 올바름과 함께하길 원하오며 계정혜를 부지런히 닦고닦길 원하오며'가 됩니다.

결국 이 세 번째, 네 번째 원이 삼악도와 탐진치에서 영원히 벗어나기 위한 방도라 할 수 있습니다.

원아항수제불학 원아불퇴보리심
願我恒隨諸佛學 願我不退菩提心

원할 원願, 나 아我, 항상 항恒, 따를 수隨, 모두 제諸, 부처 불佛, 배울 학學, 원할 원願, 나 아我, 아닐 불不, 물러갈 퇴退, 보살 보菩, 보리수 리提, 마음 심心

모든 불교교리를 항상 따르기를 원하며, 보리심에서 물러나지 않기를 원하며.

항상모든 부처님법 따라하기 원하오며
보리에서 물러나지 않으시길 원하오며

　원아항수제불학　원아불퇴보리심을　해석해보면 '모든 불교교리를　항상 배우기를 원하며 보리심에서 물러나지 않기를 원하며'가 됩니다. 계정혜를 닦으려면 불교교리를 배워야 합니다. 불교교리는 존재하고 있는 모든 것의 본질을 가장 명쾌하고 명확하게 나타낸 것이라 할 수 있습니다. 교리를 잘 알면 바로 부처가 될 수 있습니다. 불교교리를 제대로 이해하면 기도나 참선의 원리가 그 안에 들어있음을 알 수 있습니다.

　보리심에서 물러나지 않기를 원하다는 것은 우리가 보리심을 이해하는 것입니다. 보리심을 이해하려면 존재하는 모든 생명을 사랑해야 합니다. 그렇게 되려면 마나식을 깨트리고 연기를 깨쳐야합니다.

　우리가 이렇게 살아가는 것은 부처되기 위한 예습복습이라 할 수 있겠습니다. 예습복습을 꾸준히 하면 부처가 될 수 있습니다.

다섯 번째와 여섯 번째 원을 4-4구절로 해석해보면 '항상모든 부처님법 따라하기 원하오며 보리에서 물러나지 않으시길 원하오며'가 됩니다.

원아결정생안양 원아속견아미타
願我決定生安養 願我速見阿彌陀

원할 원願, 나 아我, 결단할 결決, 정할 정定, 날 생生, 편안할 안安, 기를 양養, 원할 원願, 나 아我, 빠를 속速, 볼 견見, 언덕 아阿, 미륵 미彌, 비탈질 타陀

안양(극락)국에 나기를 결정코 원하며, 아미타 부처님을 속히 뵙기를 원하며.

결국에는 극락세계 왕생하길 원하오며
아미타불 부처님을 속히뵙기 원하오며

그 다음에는 원아결정생안양 원아속견아미타가 나옵니다. 이를 해석해보면 안양국에 나기를 결정코 원하며 아미타 부처님을 빨리 보길 원하오며 가 됩니다. 안양국이 어디 입니까? 서방정토 극락세계 또는 내 마음의 모든 번뇌가 없어진 상태를 의미합니다. 부지런히 불법을 공부하고 교리를 공부하여 보리심이 내 마음에 가득하면 안양국에 있게 되고 아미타불 부처님과 함께 있게 됩니다.

서방정토 극락세계가 다른 곳에 있는 것이 아니라 내 마음 속에도 있다는 것입니다. 내 마음이 편하다면 내 마음 속에서 극락이 이루어집니다. 이 생에서 극락에 산 사람은 죽어서도 극락에 가고 이 생에서 지옥에 산 사람은 죽어서도 지옥에 갑니다.

우리는 살아온 업에 따라 갑니다. 내가 누구를 좋아하게 된다는 것은 내가 전생을 살아오면서 그것이 마음에 들고 좋은 기억으로 남아 있었기 때문에 그런 상대를 보는 순간 좋아지는 것입니다. 그건 상대방을 좋아하는 것이 아니라 그 업을 좋아하는 것입니다. 업에 따라 좋고 싫음이 일어나는 것입니다. 그러므로 이 생에서 편안한 상태로 살았다면 죽어서도 극락에 가는 것입니다. 내가 편안한 마음이 되면 그것이 바로 극락에서 아미타 부처님과 같이 사는 것입니다.

4-4구절로 해석해보면 '결국에는 극락세계 왕생하길 원하오며 아미타불 부처님을 속히뵙길 원하오며'가 됩니다. 이 극락과 아미타불은 바로 내 마음 속에서 극락과 아미타불이 되어 죽어서도 극락, 아미타불이 되는 것입니다.

원아분신변진찰 원아광도제중생
願我分身遍塵刹 願我廣度諸衆生

원할 원願, 나 아我, 나눌 분分, 몸 신身, 두루 편遍, 티끌 진塵, 절 찰刹, 원할 원願, 나 아我, 넓을 광廣, 법도 도度, 모두 제諸, 여러 중衆, 날 생生

티끌마다 두루 몸을 나누기를 원하며, 모든 중생을 제도하기를 원합니다.

삼천대천 모든세계 몸나투기 원하오며
진정으로 모든중생 제도하길 원합니다

그 다음은 원아분신변진찰 원아광도제중생이 나옵니다. 이를 해석해보면 '티끌마다 두루 몸을 나투기를 원하며 널리 모든 중생을 제도하기를 원하오며'가 됩니다. 티끌마다 두루 몸을 나툰다는 뜻은 모든 중생을 제도하기를 원한다는 뜻입니다. 부처님의 궁극적인 목적은 모든 중생을 제도하여 부처님의 나라로 인도하여 부처를 만들겠다는 것입니다. 부처님이 깨친 연기를 이야기할 때 중생이 이해할 수 있는 수준으로 가르쳐야 합니다. 그래야 그 중생이 부처님의 도를 이해하고 따라올 수 있는 것입니다.

4-4구절로 해석해보면 '삼천대천 모든세계 몸나투길 원하오며 진정으로 모든중생 제도하길 원합니다'가 됩니다.

[발사홍서원發四弘誓願]
중생무변서원도 번뇌무진서원단
眾生無邊誓願度 煩惱無盡誓願斷

필 발發, 넉 사四, 클 홍弘, 맹세할 서誓, 원할 원願
여러 중衆, 날 생生, 없을 무無, 가 변邊, 맹세할 서誓, 원할 원願, 법도
도度, 번거로울 번煩, 머릿골 뇌惱, 없을 무無, 다할 진盡, 맹세할 서誓,
원할 원願, 끊을 단斷
가이 없는 많은 중생을 제도하기를 서원하며, 다함이 없는 번뇌를 모두 끊기를 서원합니다.

[네가지 큰 서원을 세웁니다]
한량없는 중생들을 모두제도 원합니다
끝이없는 번뇌들을 모두끊기 원합니다

  여래십대발원문이 끝나면 모든 중생을 제도하기 위해 큰 원인 사홍서원을 세웁니다. 발사홍서원은 큰 서원 네 가지를 세운다는 말입니다. 네 가지는 다음과 같습니다.

  첫 번째와 두 번째인 중생무변서원도, 번뇌무진서원단 은 가이 없는 많은 중생들을 제도하기를 서원하며 다함이 없는 많은 번뇌를 모두 끊기를 서원하며 입니다. 이 번뇌 는 견성성불 할 때까지 우리를 떠나지 않습니다. 제7식이 깨트려져야 번뇌망상이 없어지는 것입니다.

  선으로 설명하면 그 순간 화두가 타파되는 것입니다. 화 두가 타파되는 것은 연기를 깨치는 것이며 그렇게 되면 우 리의 본래 마음인 자비와 광명이 발합니다. 자비는 앞에서

말했듯이 진리를 인식하는 순간 끝없이 솟아오르며 그 자비에서 피는 꽃이 바로 광명입니다. 부처님을 보면 뒤에 후광이 있지 않습니까? 그것이 바로 자비광명이며 진리를 깨치면 나타나게 되어있습니다.

4-4 구절로 해보면 한량없는 중생들을 모두제도 원합니다 끝이없는 번뇌들을 모두끊길 원합니다 가 됩니다.

법문무량서원학 불도무상서원성
法門無量誓願學 佛道無上誓願成

법 법法, 문 문門, 없을 무無, 헤아릴 량量, 맹세할 서誓, 원할 원願, 배울 학學, 부처 불佛, 길 도道, 없을 무無, 위 상上, 맹세할 서誓, 원할 원願, 이룰 성成
한량이 없는 많은 법문을 배우기를 서원하며, 가장 높은 불도를 이루기를 서원합니다.

한량없는 많은법문 배우기를 원합니다
가장높은 깨달음을 이루기를 원합니다

법문무량서원학 불도무상서원성 이를 해석해보면 한량없는 많은 법문 배우기를 서원하며, 가장 높은 불도를 이루기를 서원합니다 가 됩니다.

우리는 공부를 해야 합니다. 끝없이 공부를 해야합니다. 부처님의 법문을 공부해야 합니다. 부처님이 깨친 연기를 끝도 없이 배워야만 불도를 이룰 수 있습니다. 불도를 이루기를 원한다는 말은 다름이 아니라 부처가 되겠다는 말입니다. 결국 부처가 되겠다는 원 하나가 세세생생 나를 부처가 되게 만들어 줍니다.

4-4절로 해석해보면 '한량없는 많은법문 배우기를 원합니다. 가장높은 깨달음을 이루기를 원합니다.'가 됩니다. 앞에서 말한 원들이 결국 어디로 돌아가는지 봅시다.

자성중생서원도 자성번뇌서원단
自性衆生誓願度 自性煩惱誓願斷

스스로 자自, 성품 성性, 여러 중衆, 날 생生, 맹세할 서誓, 원할 원願, 법도 도度, 스스로 자自, 성품 성性, 번거로울 번煩, 머릿골 뇌惱, 맹세할 서誓, 원할 원願, 끊을 단斷

자성 속의 중생을 제도하기를 서원하며, 자성 속의 번뇌를 끊기를 서원합니다.

내마음의 중생들을 모두제도 원합니다
내마음의 번뇌들을 모두끊기 원합니다

자성법문서원학 자성불도서원성
自性法門誓願學 自性佛道誓願成

자성 속의 법문을 배우기를 서원하며, 자성 속의 불도를 이루기를 서원합니다.

내마음의 모든법문 배우기를 원합니다
내마음의 깨달음을 이루기를 원합니다

그 다음은 자성중생서원도 자성번뇌서원단 입니다. 해석해보면 자성속의 중생을 제도하길 서원하며, 자성 속의 번뇌를 끊기를 원합니다 가 됩니다. 영운선사의 일화를 소개해 드리겠습니다.

영운선사는 부처를 찾아 온 세상을 돌아다녀 봤지만 결국 찾지 못하고 자기가 있던 절로 되돌아왔습니다. 돌아와서 보니 복사꽃이 피어있었습니다. 그것을 보고 진리란 다른 것에 있는 것이 아니라 바로 내 속에 있다는 것을 깨쳤습니다.

이 세상을 부처로 만드는 원리가 다른 것에 있는 것이 아니라 내가 부처가 되면 되는 것입니다. 내가 부처가 되면 모든 것이 부처가 되어버립니다. 모든 중생을 제도한다고 해놓고 왜 마지막으로 회향하는 곳이 자성이겠습니까? 내 마음의 중생을 구제한다는 것은 바로 나 자신이 부처가 되는 것이며 자신이 부처가 되면 이 세상 모든 것이 부처가 됩니다. 내 마음의 번뇌를 모두 끊고 청정 속에 살아가면 이 세상이 그대로 청정이 됩니다.

자성법문서원학 자성불도서원성을 해석해보면 자성 속의 법문을 배우기를 서원하며, 자성 속의 불도를 이루기를 서원합니다 가 됩니다. 결국 스스로 깨치면 모든 중생을 제도할 수 있다는 말입니다. 중생에게로 향했던 자신을 돌아보니 스스로 부처가 되는 것이 훨씬 쉽고 빠릅니다. 사람들을 하나하나 부처로 만들어 세세생생을 제도해도 다 부처로 만들 수가 없습니다. 결국 나 자신이 부처가 되는 수 밖에 없습니다. 나 자신만 잘하면 되는 것입니다. 다른 사람을 걱정하기 앞서 스스로를 돌아봐야 합니다.

봉사 좋습니다. 하지만 진정한 봉사는 자신한테 하는 것입니다. 스스로 깨닫는 것이 바로 진정한 봉사요, 진정한 공부라 할 수 있겠습니다.

　지금까지 천수경은 이 세상의 모든 것에 대해서 이야기
했습니다. 하지만 마지막 한 구절을 보면 바로 스스로가
깨치면 모든 것이 해결된다는 것을 알 수 있습니다.

[발원이귀명례삼보發願已歸命禮三寶]
나무상주시방불 나무상주시방법 나무상주시방승
南無常住十方佛 南無常住十方法 南無常住十方僧
(세번)

필 발發, 원할 원願, 이미 이已, 돌아갈 귀歸, 목숨 명命, 예도 례禮, 석
삼三, 보배 보寶, 南無, 항상 상常, 살 주住, 열 십十, 모 방方, 부처 불
佛, 나무 남南, 없을 무無, 항상 상常, 살 주住, 열 십十, 모 방方, 법 법
法, 나무 나南, 없을 무無, 항상 상常, 살 주住, 열 십十, 모 방方, 중 승
僧
[이미 서원을 발하였으며 삼보전에 귀의합니다]
시방에 항상 계시는 부처님께 귀의합니다. 시방에 항상 계시는 진리에
귀의합니다. 시방에 항상 계시는 승가에 귀의합니다

[이제 발원을 마치고 이목숨을 거두어 삼보전에
돌아갑니다]
시방세계 항상계신 부처님께 귀의합니다
시방세계 항상계신 진리법에 귀의합니다
시방세계 항상계신 승가에게 귀의합니다

　　이제 결론입니다. 우리는 이 목숨을 바쳐 부처님께 귀의
하는 것입니다.

　　발원이귀명례삼보를 해석해보면 이 목숨을 거두어 불법
승 삼보에 돌아간다는 뜻입니다. 우리가 아침저녁으로 예
불을 할 때 지심귀명례라고 합니다. 그런데 책을 보다가
이 목숨을 바쳐 진리의 바다로 들어간다는 의미를 본 순간
내가 얼마나 많은 생각을 피상적으로 해왔는가를 알게 되
었습니다. 수많은 기도, 참선이 결국 여기로 귀결된다는

것을 알았습니다.

　나무상주시방불 나무상주시방법 나무상주시방승. 이것을 해석해보면 '이미 서원을 발하였으니 삼보전에 귀의합니다. 시방에 항상 계시는 부처님께 귀의합니다. 시방에 항상 있는 진리에 귀의합니다. 시방에 항상 계시는 승가에 귀의합니다.'가 됩니다. 여기서 승가는 진리를 추구하는 무리, 집단입니다.

　부처님은 존재하는 것들의 속성이 끝도 없이 생멸하기 때문에 고라고 말씀하셨습니다. 하지만 여기서는 항상 계신다고 했습니다. 항상 계신다면 이는 무상이 아닙니다. 이 때 존재하는 진리를 인식하고 이해하는 방법이 두 가지 있다고 했습니다. 하나는 연기적으로 이해하는 방법이 있었고 또 하나는 실상론적으로 이해하는 방법입니다.

　상주불멸常住不滅이라는 것은 존재하는 것이 생멸하지 않고 항상 존재한다고 했을 때 이것은 실상론적으로 진리를 인식한 것입니다. 모든 것이 무상과 무아가 아닙니다. 부처님도 시방세계에 그냥 항상 계시고 이 세상 그대로가 진리이고 승가도 이 세상에 그냥 끝도 없이 있습니다. 올바름과 깨끗함과 진리가 그냥 이 세상에 그대로 있을 뿐입니다. 우리가 제대로 보기만 하면 말입니다.

　천수경의 결론은 내가 부처가 되면 이 세상 전부가 부처

이며 이 세상에 상주하는 진리에 이 목숨 거두어 돌아간다
는 것입니다.

이제 발원을 마치고 이 목숨을 거두어 삼보전으로 돌아
갑니다. 시방세계 항상 계신 부처님께 귀의합니다. 시방세
계 항상 계신 진리법에 귀의합니다. 시방세계 항상 계신
승가에게 귀의합니다. 이것으로 천수경 강의를 마치겠습
니다.

| 부록 |

우리말 천수경

[입으로 지은 업을 깨끗하게 하는 진언]
수리수리 마하수리 수수리 사바하 (세번)

[우주에 있는 모든 신들을 편안하게 하는 진언]
나무사만다 못다남 옴 도로도로 지미 사바하 (세
번)

[경전을 펴옵니다]
가장높고 가장깊은 미묘하신 진리바다
영원토록 흐른대도 만나기가 어려워라
다행히도 지금에야 보고듣고 지니오니
부처님의 진실한뜻 알아지길 원합니다

[진리의 곳집을 여는 진언]
옴 아라남 아라다 (세번)

[중생들을 돌보시는 관자재보살님, 원만하고 끝
이없는 큰자비의 다라니를 받드오니 우리곁에 임
하소서]

대자대비 관음보살 넓고깊은 원력들과
아름다운 상호들에 머리숙여 절합니다

중생들을 보살피는 자비심이 끝이없고
중생들을 인도하는 지혜또한 같습니다

진실하신 말씀으로 비밀한뜻 보이시며
걸림없는 마음에서 자비심이 일어나고

중생들의 모든소원 이뤄지게 하시오며
죄와업은 모두모두 소멸하게 하옵소서

천룡팔부 신중들이 자비로써 옹호하고
백천가지 모든삼매 몰록닦게 하십니다

이다라니 지니오니 이몸에는 광명깃발
이다라니 지닌마음 부처님의 신통창고

번뇌들을 씻어내고 고통바다 건너가면

깨달음에 이르러는 처방전을 얻습니다

제가지금 관음보살 염송하고 귀의하니
뜻하는일 모든것이 이뤄지길 원합니다

자비롭고 자애로운 관세음— 보살님께
진정으로 이목숨을 거두어서 돌아가니
부처님의 가르침을 어서빨리 깨달아서
밝고밝은 지혜의눈 열리기를 원합니다

자비롭고 자애로운 관세음— 보살님께
진정으로 이목숨을 거두어서 돌아가니
어서빨리 모든중생 제도하길 원하오며
그들에게 맞는방편 터득하기 원합니다

자비롭고 자애로운 관세음— 보살님께
진정으로 이목숨을 거두어서 돌아가니
어서빨리 큰지혜의 배를타길 원하오며
괴로움의 저바다를 건너가기 원합니다

자비롭고 자애로운 관세음— 보살님께
진정으로 이목숨을 거두어서 돌아가니
어서빨리 깨끗함과 올바름을 실천하여
원만고요 열반산에 오르기를 원합니다

자비롭고 자애로운 관세음— 보살님께
진정으로 이목숨을 거두어서 돌아가니
연기법을 터득하여 인과응보 바로알아
어서빨리 진리의몸 이루기를 원합니다

칼산지옥 내가가면 칼산절로 무너지고
화탕지옥 내가가면 화탕절로 없어지네

모든지옥 내가가면 지옥절로 말라지고
아귀세계 내가가면 아귀절로 배부르네

수라세계 내가가면 악심절로 사라지고
짐승세계 내가가면 지혜절로 생겨나네

자비하신 관세음- 보살님께 귀의합니다

위대하신 대세지- 보살님께 귀의합니다

천수행자 천수- 보살님께 귀의합니다

신통하신 여의륜- 보살님께 귀의합니다

덕있으신 대륜- 보살님께 귀의합니다

자재하신 관자재- 보살님께 귀의합니다

편안하신 정취- 보살님께 귀의합니다

원만하신 만월- 보살님께 귀의합니다

걸림없는 수월- 보살님께 귀의합니다

악한마음 소멸하는 군다리께 귀의합니다

탐욕심을 다스리는 십일면께 귀의합니다

온세상에 두루하신 보살님께 귀의합니다

본래스승 아미타불 부처님께 귀의합니다(세번)

[신묘장구대다라니]

나모라 다나다라 야야 / 나막알약 바로기제 새바
라야 / 모지사다바야 마하 사다바야 마하가로 니
가야 / 옴살바 바예수 다라나 가라야 / 다사명
나막 가리다바 이맘알야 바로기제 새바라 다바 /
니라간타 나막 하리나야 마발다 이사미 / 살발타
사다남 수반 아예염 살바 보다남 바바말아 미수
다감 다냐타 / 옴 아로계 아로가 마지로가 지가
란제 혜혜하례 / 마하모지 사다바 사마라 사마라
하리나야 / 구로구로 갈마 사다야 사다야 / 도로
도로 미연제 마하미연제 / 다라다라 다린 나례

_213

새바라 자라자라 / 마라 미마라 아마라 몰제예
혜혜 / 로계 새바라 라아 미사미 나사야 / 나베
사미사미 나사야 / 모하자라 미사미 나사야 / 호
로호로 마라호로 / 하례 바나마 나바 사라사라
시리시리 소로소로 못쟈못쟈 모다야 모다야 / 매
다리야 니라간타 가마사 날사남 바라 하리나야
마낙 사바하 / 싯다야 사바하 / 마하싯다야 사바
하 / 싯다 유예 새바라야 사바하 / 니라간타야
사바하 / 바라하 목카 싱하 목카야 사바하 / 바
나마 하따야 사바하 / 자가라 욕다야 사바하 /
상카 섭나네 모다나야 사바하 / 마하라 구타다라
야 사바하 / 바마사간타 니사 시체다 가릿나이나
야 사바하 / 먀가라 잘마 이바 사나야 사바하 /
나모라 다나다라 야야 나막알야 바로기제 새바라
야 사바하(세번)

[사방을 찬탄합니다]
첫째동방 물뿌리니 온도량이 깨끗하고

둘째남방 물뿌리니 온천지가 맑아지고

셋째서방 물뿌리니 극락세계 이뤄지고
넷째북방 물뿌리니 영겁토록 평안하네

[도량을 찬탄합니다]
이도량이 청정하여 티끌마져 없어지니
삼보천룡 모든성현 이도량에 내리시네

내가이제 묘한진언 받아지녀 외우오니
이도량의 곳곳마다 자비마음 충만하네.

[참회합니다]
탐욕심과 진애심과 치심으로 말미암아
한량없는 진긴세월 제가지은 모든죄업

이내몸과 이입으로 이뜻으로 지었으니
제가이제 머리숙여 일심으로 참회합니다

[십이불께 참회하니 업장녹여 주옵소서]
신세지고 잘못하여 지은죄업 뉘우치며
제가이제 보승불께 머리숙여 참회합니다

사치하고 낭비하며 지은죄업 뉘우치며
보광왕화렴조불께 머리숙여 참회합니다

평생동안 잘못하여 지은죄업 뉘우치며
일체향화자재력왕불께 머리숙여 참회합니다

다른생명 살생하여 지은죄업 뉘우치며
백억항하사결정불께 머리숙여 참회합니다

사음하고 악담하며 지은죄업 뉘우치며
제가이제 진위덕불께 머리숙여 참회합니다

지옥으로 떨어지는 죄업들을 뉘우치며
금강견강소복괴산불께 머리숙여 참회합니다

설법듣는 공덕들을 방해한죄 뉘우치며
보광월전묘음존왕불께 머리숙여 참회합니다

평생동안 화를내며 지은죄업 뉘우치며
환희장마니보적불께 머리숙여 참회합니다

한량없는 세월동안 받을고통 소멸위해
무진향승왕불께 머리숙여 참회합니다

축생의몸 받을과보 모든죄업 소멸위해
제가이제 사자월불께 머리숙여 참회합니다

도둑질로 받을과보 모든죄업 소멸위해
환희장엄주왕불께 머리숙여 참회합니다

탐심으로 욕망으로 지은죄업 소멸위해
제보당마니승광불께 머리숙여 참회합니다

[열가지 죄업을 참회합니다]

살생을한 무거운죄 이제모두 참회하며
도둑질한 무거운죄 이제모두 참회하며

음행을한 무거운죄 이제모두 참회하며
거짓말한 무거운죄 이제모두 참회하며

아첨한말 무거운죄 이제모두 참회하며
이간질한 무거운죄 이제모두 참회하며

나쁜말한 무거운죄 이제모두 참회하며
탐욕심낸 무거운죄 이제모두 참회하며

화를내는 무거운죄 이제모두 참회하며
어리석은 무거운죄 이제모두 참회합니다

오랜세월 두고두고 쌓인죄업
한생각에 끊어지고 없어지네

거친불이 마른풀을 태우듯이

다멸하여 남김없이 사라지네

죄와업은 자성없어 마음따라 일어난것
마음한번 쉬고나면 죄도또한 사라지네

죄와마음 없어져서 둘이함께 공해지면
이것들을 이름하여 참참회라 이름하네

[죄업을 참회하는 진언]
옴 살바 못자 모지 사다야 사바하(세번)

준제주의 큰공덕을 쌓으려면
더고요한 마음으로 염송하라

그어떠한 감당못할 어려움도
이사람을 침범하지 못할거네

하늘이나 지옥이나 인간들도
부처같이 큰복덕을 받으리라

지금에야 이여의주 만났으니
가장높은 깨달음을 이루리라

진리바다 어머니인 준제님께 귀의합니다(세번)

[법계를 깨끗이 하는 진언]
옴람

[몸을 보호하는 진언]
옴 치림

[관음보살 미묘하신 본래마음 나타내는 여섯자
밝은 진언]
옴 마니 반메 훔

[준제진언]
나무 사다남 삼먁삼못다 구치남 다냐타
옴 자례주례 준제 사바하 부림(세번)

제가이제 준제주를 지니옵고 염송함은
견성성불 하겠다고 원세우는 것이되며
제가이제 모든선정 밝은지혜 함께닦아
하루빨리 모든공덕 이루기를 원하오며

제가이제 거룩하신 복덕으로 장엄하니
중생들이 모두함께 부처되길 원합니다

[여래께 올리는 열가지 원입니다]
아귀축생 지옥도를 떠나기를 원하오며
탐진치의 독한마음 끊어지길 원하오며

깨달음과 올바름과 함께하길 원하오며
계정혜를 부지런히 닦고닦길 원하오며

항상모든 부처님법 따라하기 원하오며
보리에서 물러나지 않으시길 원하오며

결국에는 극락세계 왕생하길 원하오며

아미타불 부처님을 속히뵙기 원하오며

삼천대천 모든세계 몸나투기 원하오며
진정으로 모든중생 제도하길 원합니다

[네가지 큰 서원을 세웁니다]
한량없는 중생들을 모두제도 원합니다
끝이없는 번뇌들을 모두끊기 원합니다

한량없는 많은법문 배우기를 원합니다
가장높은 깨달음을 이루기를 원합니다

내마음의 중생들을 모두제도 원합니다
내마음의 번뇌들을 모두끊기 원합니다

내마음의 모든법문 배우기를 원합니다
내마음의 깨달음을 이루기를 원합니다

[이제 발원을 마치고 이목숨을 거두어 삼보전에

돌아갑니다]
시방세계 항상계신 부처님께 귀의합니다
시방세계 항상계신 진리법에 귀의합니다
시방세계 항상계신 승가에게 귀의합니다